Shadi Obaid
Umar Alqasemi

Diagnóstico de doença cardíaca a partir do eletrocardiograma

Shadi Obaid
Umar Alqasemi

Diagnóstico de doença cardíaca a partir do eletrocardiograma

Utilizando a aplicação MATLAB Classification Learner

ScienciaScripts

Imprint
Any brand names and product names mentioned in this book are subject to trademark, brand or patent protection and are trademarks or registered trademarks of their respective holders. The use of brand names, product names, common names, trade names, product descriptions etc. even without a particular marking in this work is in no way to be construed to mean that such names may be regarded as unrestricted in respect of trademark and brand protection legislation and could thus be used by anyone.

Cover image: www.ingimage.com

This book is a translation from the original published under ISBN 978-620-7-47715-9.

Publisher:
Sciencia Scripts
is a trademark of
Dodo Books Indian Ocean Ltd. and OmniScriptum S.R.L publishing group

120 High Road, East Finchley, London, N2 9ED, United Kingdom
Str. Armeneasca 28/1, office 1, Chisinau MD-2012, Republic of Moldova, Europe
Printed at: see last page
ISBN: 978-620-7-59596-9

Diagnóstico de doenças cardíacas a partir do ECG utilizando a aplicação MATLAB Classification Learner

Shadi M. Obaid, Estudante de Mestrado, Programa de Engenharia Biomédica, Departamento de Engenharia Eletrotécnica e de Computadores, Email: Abuobaidah.10@gmail.com.

Dr. Umar Alqasemi, Professor Associado de Engenharia Biomédica, Departamento de Engenharia Eletrotécnica e de Computadores, Email: ualqasemi@kau.edu.sa.

King Abdulaziz University, Jeddah 21589, Arábia Saudita

Agradecimentos

Quero agradecer a todos aqueles que me dão todo o apoio necessário, incluindo a minha maior apoiante, a minha mulher, bem como a minha mãe, com as suas orações ilimitadas para mim. Além disso, mesmo que já não esteja vivo há mais de dez anos, o meu pai não é esquecido, uma vez que me transmitiu as bases de todos os trabalhos efectuados desde o início da minha vida até hoje. O meu melhor professor de sempre, o Prof. Yasser Kadah, também tem de ser reconhecido. É OBRIGATÓRIO reconhecer o Prof. Yasser Kadah, que me ensinou o caminho a seguir, desde o bacharelato, uma vez que tive a sorte de estudar com ele desde o bacharelato. De igual modo, gostaria de agradecer ao Dr. Mohammed Asif, ao Dr. Umar Alqasemi, ao Dr. Bander, ao Dr. Abdulhameed Al Khteeb e a todos os médicos e professores que leccionam na Faculdade de Engenharia. Por último, gostaria de agradecer a toda a minha equipa de trabalho, bem como a todos os meus amigos.

Resumo

A classificação dos sinais de ECG de forma manual ou tradicional é uma área que pode ser melhorada através de um sistema de classificação automatizado dos sinais de ECG. Neste trabalho, é introduzido um sistema de software de diagnóstico assistido por computador (CAD) melhorado para a classificação automática de sinais de ECG cardíaco. Para efeitos deste estudo, foram utilizados 480 sinais de ECG da base de dados de arritmias do MIT-BIH; esses sinais incluem 96 sinais de ECG normais e 384 sinais de ECG anómalos pertencentes a quatro tipos de anomalias cardíacas, nomeadamente, acoplamento ventricular, taquicardia ventricular, bigeminia ventricular e fibrilhação ventricular, sendo que cada um desses tipos tem 96 sinais de ECG. Em seguida, a reamostragem foi efectuada para todos os sinais dados a 360 amostras por segundo, exceto para os sinais de FV, que foram reamostrados a 250 amostras por segundo. Depois disso, foi aplicado um processo iterativo de extração de características com a ajuda da aplicação Classification Learner App existente no MATLAB, que resultou em 94 características, incluindo características estatísticas básicas de primeira ordem, características de domínio de transformação, bem como características estatísticas avançadas de primeira ordem e características morfológicas baseadas na análise temporal e espetral. Em seguida, a classificação foi efectuada, obviamente, com a aplicação Classification Learner, na qual foram experimentados 32 classificadores para obter a melhor precisão possível. O sistema proposto foi testado, em primeiro lugar, para a classificação de sinais ECG normais/anormais e, em seguida, para a classificação de cinco classes mencionada para um determinado sinal ECG. Para a classificação normal/anormal, o classificador de redes neuronais largas registou a melhor precisão possível de 98,3%; também para a classificação de cinco classes, o mesmo modelo, que é o classificador de redes neuronais largas, deu a melhor precisão com 89,0% para a classificação. De qualquer forma, a aplicação de PCA resultou em resultados de precisão inferiores, para a classificação Normal/Anormal, a melhor precisão após a aplicação de PCA foi obtida a partir do classificador KNN ponderado (o número de vizinhos é 1), com uma precisão de 87,7%, enquanto a aplicação de PCA registou a melhor precisão de 69,2% para a classificação de cinco classes, que foi alcançada através do classificador SVM cúbico pela aplicação Classification Learner. De facto, utilizando técnicas de avaliação de desempenho que são, para além da precisão dada pela aplicação, a sensibilidade, a especificidade, o valor preditivo positivo (PPV), o valor preditivo negativo (NPV), a taxa de erro e a área sob a curva (AUC), foram feitas avaliações dos resultados. A aplicação da adição e extração de características foi feita de forma iterativa, conforme mencionado. Além disso, a classificação foi efectuada utilizando a técnica de validação cruzada 5-fold criada na aplicação Classification Learner. Os resultados do sistema proposto podem ajudar a generalizar o sistema de classificação para ser utilizado noutras classes, anomalias cardíacas ou tipos de arritmia que não estão incluídos no sistema proposto.

Palavras-chave: Sistema CAD, MATLAB, Sistema automatizado, Classificação automatizada, Sinais ECG, Arritmia cardíaca, Classificadores SVM, Classificadores KNN, Classificadores CNN, Classificadores em árvore, Regressão logística, Naive Bayes, Rede neural, Deteção de arritmia.

Índice

Introdução

Geralmente, o bombeamento de sangue para todas as partes do corpo é efectuado pelo coração, algo que é feito no processo normal de batimento cardíaco pelo músculo cardíaco. Para ir mais fundo, no processo normal de batimento cardíaco, o coração bombeia sangue para os pulmões e, a partir destes, para os tecidos de todo o corpo, através de uma sequência de contracções bem organizadas das quatro câmaras do coração. No funcionamento correto, todas as quatro câmaras contribuem batendo de forma organizada. Além disso, no coração, existe algo chamado "Atividade Eléctrica", em que, em condições normais, o batimento do coração ou as contracções começam quando um impulso elétrico do nódulo sinusal (SA) sai do tecido muscular do coração, o nódulo SA inicia sempre os impulsos para o batimento cardíaco. Além disso, em condições normais, depois de esta sequência eléctrica ter começado na aurícula direita, espalha-se pelas aurículas até ao nódulo atrioventricular (AV), provocando a contração dos ventrículos. Por outras palavras, os batimentos cardíacos normais de uma forma regular são feitos devido a impulsos eléctricos, provocando uma sequência de contracções organizadas. Os adultos têm batimentos cardíacos normais que variam de 60 a 100 vezes por minuto. Mas a questão é como saber se a situação do coração, ou dos batimentos, está a decorrer de forma correcta ou não? A resposta é através de uma técnica de apresentação gráfica, que é o Eletrocardiograma, ou Eletrocardiografia (ECG ou ECG), o ECG é um procedimento simples de registo da atividade eléctrica do coração mencionado que pode levar e ajudar os especialistas a diagnosticar ritmos cardíacos anormais ou Arritmias. A figura 1 abaixo mostra a estrutura do ritmo normal do ECG, onde, em casos normais, o ritmo do ECG tem quatro componentes principais, que são a onda P, um complexo QRS, a onda T e uma onda U, onde cada uma tem um padrão único. Numa representação do ECG, a despolarização atrial é representada pela onda P, a despolarização ventricular é representada pelo complexo QRS, também, a onda T representa a repolarização ventricular, e a onda U representa a repolarização do músculo papilar. Qualquer alteração nessa representação normal do ECG pode ser vista como um ritmo anormal de batimento cardíaco ou um tipo de arritmia. (O que é uma arritmia? 2022) (Eletrocardiografia, 2023) .

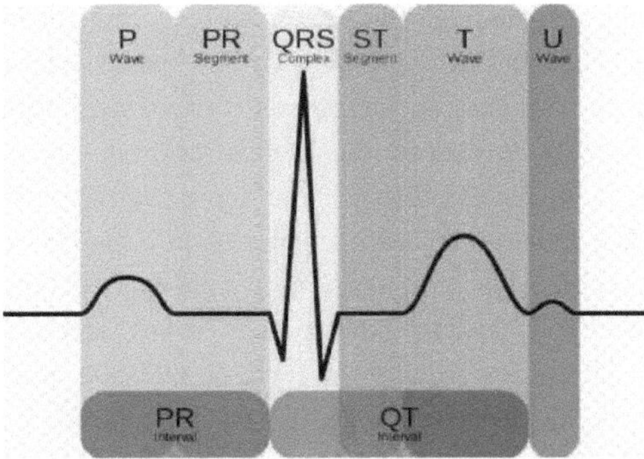

Figura (1): Estrutura normal do ritmo do ECG **Fonte:** Eletrocardiografia, 2023

Falando de Arritmias, de facto, qualquer problema na taxa ou ritmo de batimentos cardíacos registados é chamado de "Arritmia". Este é um problema grave que requer acções muito rápidas, por vezes, se essa ação rápida não for tomada em segundos, ou mesmo em partes de segundos, pode causar problemas graves, ou mesmo mortes, uma vez que a ausência de um processo de batimento cardíaco eficaz, levará à ausência de bombeamento eficaz do sangue para todos os sistemas do corpo. Os batimentos cardíacos anormais ou "arritmia" podem assumir a forma de uma pausa temporária ou de um batimento prematuro, pelo que, se for esse o caso da arritmia, esta pode não afetar todo o sistema de frequência cardíaca. No entanto, se o caso insistir, o coração irá bombear de forma menos eficaz, o que aponta claramente para a importância da deteção precoce da arritmia. Além disso, não existe apenas um tipo de arritmia. Por exemplo, o ritmo cardíaco acelerado, ou seja, mais de 100 batimentos por minuto, é designado por taquicardia, ao passo que o ritmo cardíaco lento, que é inferior a 60 batimentos por minuto, é designado por bradicardia. Assim, existem muitos tipos de arritmias, como a fibrilhação auricular, o flutter auricular, a bradicardia mencionada, as perturbações da condução, as contracções prematuras, a taquicardia mencionada, a fibrilhação ventricular (FV), bem como outros tipos de perturbações do ritmo e tipos de arritmias em crianças. Na maioria dos casos, as arritmias podem ser causadas por um bloqueio ou atraso dos sinais eléctricos, o que provoca uma lesão no sistema elétrico do coração, esforço excessivo, tensão ou stress. Além disso, as arritmias podem ser causadas por desequilíbrios registados ou por alguns medicamentos para o coração. (O que é uma arritmia? 2022)

De acordo com os Centros de Controlo e Prevenção de Doenças (CDC), o Centro Nacional de Estatísticas de Saúde estabelecido nos Estados Unidos, as doenças cardíacas, incluindo as arritmias, são a principal causa de morte para as pessoas da maioria dos grupos raciais e étnicos nos Estados Unidos. Para as mulheres das ilhas do Pacífico e para as mulheres asiático-americanas, índias americanas, nativas do Alasca e hispânicas, as doenças cardíacas são a segunda causa de morte, logo a seguir ao cancro. Além disso, em cada 34 segundos, nos EUA, morre uma pessoa devido a uma doença cardiovascular. Além disso, nos EUA, cerca de 697 000 pessoas morreram devido a doenças cardíacas em 2020, o que corresponde a 1 em cada 5 mortes. As doenças cardíacas tornaram-se um dos problemas económicos nos EUA, de acordo com o CDC, as doenças cardíacas custam aos EUA cerca de 229 mil milhões de dólares por ano de 2017 a 2018, incluindo custos de serviços de saúde, custos de medicamentos e perda de produtividade devido à morte. Além disso, nos EUA, em cada 40 segundos, alguém terá um ataque cardíaco, o que resulta em cerca de 805 000 pessoas nos EUA a terem ataques cardíacos todos os anos, 605 000 das quais têm um ataque cardíaco pela primeira vez, enquanto outras o têm pela segunda vez. Entre as pessoas que sofrem ataques cardíacos, 1 em cada 5 é silencioso, ou seja, sente o ataque cardíaco depois de os danos terem sido causados, o que realça, mais uma vez, a importância da deteção precoce. Além disso, existem algumas estatísticas importantes da American Heart Associations, a doença cardiovascular é uma das principais causas de morte, atingindo 874 613 mortes nos EUA em 2019. De acordo com a American Heart Associations, em 2019, devido a acidentes vasculares cerebrais, morreu uma pessoa a cada 3 minutos e 30 segundos nos EUA, em média. A Fig. 2 abaixo mostra as mortes causadas por doenças cardíacas nos EUA, de 1900 a 2020. O caso é idêntico na Europa (UE), onde as doenças cardiovasculares são a principal causa de morte na UE. (Factos sobre as doenças cardíacas, 2022) (Estatísticas sobre doenças cardíacas e AVC - atualização de 2022, 2022) (Estatísticas explicadas, 2022)

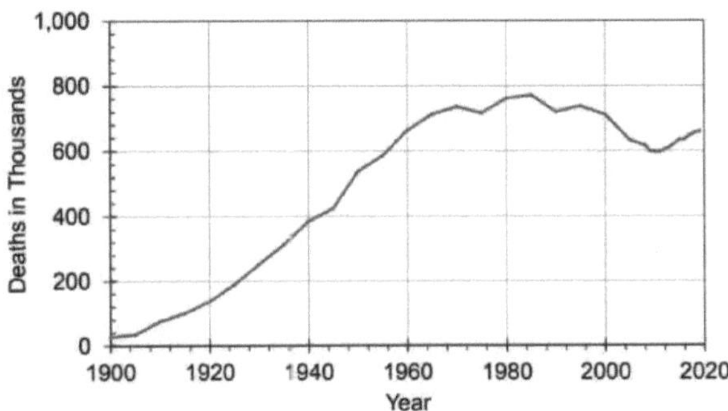

Figura (2): Mortes atribuíveis a doenças do coração nos EUA, 1900-2020 **Fonte:** Estatísticas de doenças cardíacas e AVC - atualização de 2022, 2022

Vamos considerar quatro tipos de arritmias, ou ritmos anormais do ECG, como exemplos a focar: o acoplamento ventricular (VCouplet), a taquicardia ventricular (VTachy), a bigeminia ventricular (VBigeminy) e a fibrilhação ventricular (VFibrilation). Em primeiro lugar, temos o Casal Ventricular (VCouplet), que pode ser definido como duas contracções ventriculares prematuras (PVCs) consecutivas, sem intervenção de batimentos normais, por outras palavras, qualquer par de batimentos prematuros provenientes dos ventrículos, e que ocorram numa sequência sem intervenção de batimentos normais, é simplesmente um Casal Ventricular (VCouplet), de facto, um grau elevado de irritabilidade ventricular do que o dos batimentos prematuros ventriculares isolados é uma indicação de casais. Os couplets podem ser vistos como uma introdução de tipos mais graves de arritmias, como a taquicardia ventricular, em que existe uma frequência muito rápida, pelo que é muito importante a deteção precoce deste tipo de arritmia. No ECG, os complexos QRS largos que ocorrem em pares consecutivos podem ser definidos como pares ventriculares. (Ventricular couplet (concept ID: CN303300) - medgen - NCBI, 2022) (All about cardiovascular system and disorders, 2019)

Passando à Taquicardia Ventricular (Taquicardia Ventricular) mencionada, o termo "Taquicardia" refere-se a um ritmo cardíaco rápido que atinge mais de 100 batimentos por minuto, em adultos, e pode ser diferente consoante a idade, situações, bem como outros factores. De qualquer forma, a taquicardia ventricular é um ritmo cardíaco anormal, ou um tipo de arritmia, que ocorre quando as câmaras inferiores do coração (ventrículos) batem demasiado depressa, impedindo que a quantidade necessária de sangue oxigenado chegue aos órgãos do corpo. Os resultados da taquicardia ventricular são terríveis, uma vez que, quando mantida, pode resultar em fibrilhação ventricular, que é um tipo de arritmia potencialmente fatal. A Fig.3 abaixo mostra a diferença entre um ECG normal e um ritmo de ECG de taquicardia, onde o eletrocardiograma, ou ECG, como mencionado, mostra uma taquicardia de complexo largo sem onda P associada. Na verdade, a taquicardia ventricular que ocorre com batimentos cardíacos rápidos pode ser vista como um problema potencialmente fatal que necessita de diagnóstico e tratamento imediatos e precisos. A gravidade da taquicardia ventricular depende em grande parte de muitos factores, como outras doenças cardíacas, bem como do tipo de taquicardia ventricular que a pessoa tem. Em termos gerais, existem muitas razões ou causas possíveis para a taquicardia ventricular, que podem incluir doenças cardíacas estruturais, em que a taquicardia ventricular ocorre principalmente quando o músculo cardíaco foi danificado e, por conseguinte, são criadas vias e impulsos eléctricos anormais nos ventrículos devido ao tecido cicatricial. Além disso, os ataques cardíacos, a insuficiência cardíaca, a miocardite e a doença das válvulas cardíacas são outras razões possíveis para a taquicardia ventricular. Devido à sua importância, é importante mencionar os sintomas e as formas actuais de tratamento da taquicardia ventricular. Em relação aos sintomas, a Taquicardia Ventricular de curta duração quase não apresenta sintomas, exceto palpitações, representadas por uma agitação no peito. No entanto, dor no peito, tonturas, desmaios (síncope), falta de ar e até mesmo paragens cardíacas podem ser sintomas de taquicardia ventricular se esta durar mais de 30 segundos. Além disso, o tratamento da taquicardia ventricular pode ser efectuado através da ablação por radiofrequência, que é considerada o procedimento menos invasivo possível para destruir as células que causam a taquicardia ventricular. No entanto, esta solução é menos eficaz em caso de doença cardíaca estrutural. A outra solução é o desfibrilador cardioversor implantável (CDI). E, finalmente, o tratamento da taquicardia ventricular com medicamentos como o Sotolol, a Flecainida, a Propafenona e a Amiodarona. (Taquicardia ventricular, 2021) (Taquicardia: ritmo cardíaco acelerado, 2022) (Hebbar & Hueston, 2002)

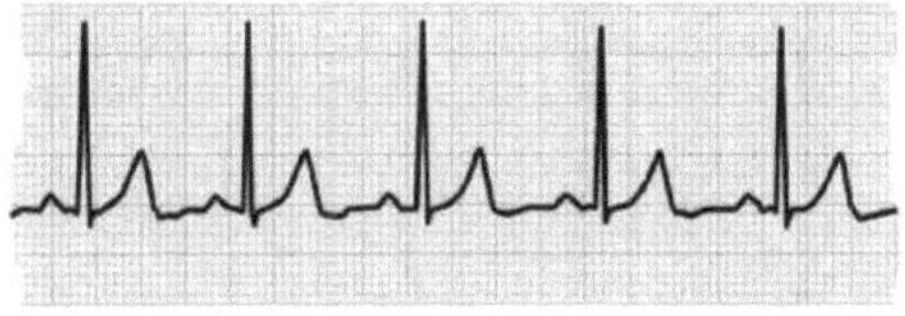

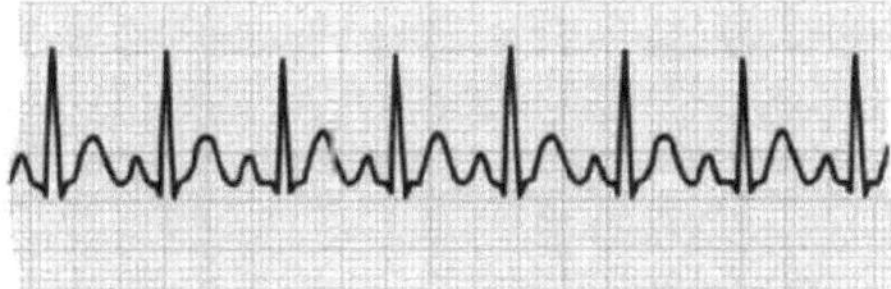

Figura (3): Diferença entre o ECG normal e a forma de onda de taquicardia a
Fonte: Taquicardia: Ritmo cardíaco acelerado, 2022

Agora, para a Bigeminia Ventricular (VBigeminy), um termo importante aqui é complexos ventriculares prematuros (PVCs), na verdade, se a ocorrência prematura de um complexo QRS anormal em forma e dura mais de 120 milissegundos, isso poderia ser considerado como complexo ventricular prematuro. Além disso, no ECG, o Bigeminy tem uma onda T grande e tem polaridade oposta ao complexo QRS. Um complexo ventricular prematuro é geralmente seguido por uma pausa compensatória completa. Por outras palavras, na bigeminia, após cada batimento de rotina, surge um batimento demasiado precoce, o que é conhecido como PVC. Aqui, o termo "bigeminia ventricular" significa a alternância de seios normais e complexos ventriculares prematuros (PVCs). A diferença entre "Bigeminismo ventricular" e "Taquicardia ventricular" é que três ou mais complexos ventriculares prematuros sucessivos podem ser considerados como Taquicardia ventricular. Para perceber a gravidade da bigeminia ventricular, deve ter em conta que a bigeminia ventricular pode ser considerada um tipo de arritmia potencialmente fatal em alguns casos, mas não em todos, pelo que, em alguns casos, a bigeminia pode ser sentida pelas pessoas e não afetar as suas vidas. Os sintomas podem incluir uma sensação de palpitações no coração, um batimento cardíaco demasiado forte ou demasiado rápido, ou não aparecerem quaisquer sintomas. Pode ser causada por antecedentes familiares, infeção cardíaca e doenças como a doença das artérias coronárias e um mau estilo de vida. (Hebbar & Hueston, 2002) (Bigeminy: Causes, treatment, and lifestyle changes that help, 2022) (Bigeminy: Causes, symptoms, and treatments, 2022) (Premature ventricular contractions (PVCS), 2022)

O último tipo de exemplos de batimentos cardíacos anómalos ou arritmias é a fibrilhação ventricular (FV), que pode ser considerada o ritmo cardíaco anómalo mais grave, pois a FV, por ser muito perigosa, pode levar à paragem do coração. Além disso, na ausência de tratamento, a FV pode levar à morte em poucos minutos. A FV é simplesmente representada pela ausência de atividade eléctrica eficaz do coração, fazendo com que os ventrículos vibrem em vez de baterem de forma normal. Assim, o coração não consegue fornecer o sangue e bombeá-lo para os órgãos do corpo, o que pode levar a uma paragem cardíaca. Deve ter em atenção que, em caso de FV, deve ser tomada uma ação médica imediata. A apresentação dos sintomas pode ser benéfica neste caso, pelo que os sintomas da FV podem incluir dor no peito, batimentos cardíacos muito rápidos (taquicardia), tonturas, náuseas e falta de ar. As causas da FV podem ser problemas nas propriedades eléctricas do coração, tais como problemas existentes desde o nascimento ou outras doenças cardíacas, experiência anterior de fibrilhação ventricular ou ataque cardíaco, distribuição reduzida ou anormal do fornecimento de sangue ao músculo cardíaco, uso indevido de drogas, desequilíbrio grave de potássio ou magnésio e outras razões desconhecidas. Mais uma vez, em caso de fibrilhação ventricular, é necessário um tratamento imediato, uma vez que, se não o fizer, pode provocar a morte em poucos minutos, tal como referido anteriormente! De facto, a FV é a causa mais frequente de morte súbita cardíaca, o que realça a importância de um diagnóstico rápido. (Fibrilação Ventricular, 2022) (Fibrilação Ventricular2, 2022)

Os factos e estatísticas mencionados anteriormente indicam que as doenças cardíacas, incluindo as arritmias, estão a tornar-se problemas muito graves a nível mundial, e é aqui que entra a questão, uma vez que, como mencionado, nas doenças cardíacas, arritmias e outros ritmos anormais do ECG, o tempo e a precisão são factores muito valiosos, uma vez que a deteção precoce e precisa ajudará no tratamento e salvará a vida de muitas pessoas. Naturalmente, as formas tradicionais de deteção e classificação de um determinado ECG simples são uma área que pode ser melhorada, e é aqui que surge a ideia deste projeto. Aqui, será feito um sistema de classificação automatizado para um determinado sinal de ECG. Como referido, isto será feito com a ajuda de um software de Diagnóstico Assistido por Computador (CAD) que será introduzido para classificar um determinado sinal de ECG. Para efeitos deste sistema, apenas serão considerados na classificação os quatro tipos de arritmias ou sinais ECG anormais mencionados, que são o acoplamento ventricular (VCouplet), a taquicardia ventricular (VTachy), a bigeminia ventricular (VBigeminy) e a fibrilhação ventricular (VFibrillation), pelo que, para além do sinal ECG normal, ou classe, o sistema terá cinco classes para classificar um determinado sinal ECG. Como resultado, a partir do sistema, um dado sinal de ECG deve ser classificado numa das cinco classes, em que a Classe 1 é ECG Normal, a Classe 2 é VCouplet, a Classe 3 é VTachy, a Classe 4 é VBigeminy e a Classe 5 é VFibrillation. Agora, o software de desenvolvimento do sistema será o MATLAB, uma vez que possui muitas ferramentas, funções e caixas de ferramentas úteis e valiosas. Assim, a classificação manual de um sinal de ECG é a área de muitos erros possíveis, com um processo moroso, pelo que se espera que o sistema proposto ajude muito no diagnóstico. Além disso, o sistema utilizará o processo de extração de características, bem como caixas de ferramentas especializadas para a extração de características de ECG, para atingir a melhor precisão possível, e com a utilização da técnica de validação cruzada 5-fold, todos os classificadores serão experimentados, atingindo até 32 classificadores em MATLAB. No final, o sistema CAD proposto será estabelecido para ajudar o médico a classificar um determinado sinal de ECG.

Trabalhos anteriores

(Zheng et al., 2020) introduziu um sistema de classificação de arritmias em várias fases, no qual foi utilizado um grande número de registos de ECG de 12 derivações, que atingiram 10 646 pacientes, com uma taxa de amostragem de 500 Hz, incluindo 11 ritmos cardíacos comuns e 67 condições, juntamente com quatro classes de arritmia. Inicialmente, foi utilizado o filtro Butterworth Low Band Pass para reduzir o ruído, seguido da utilização de suavização Non Local Means para remover o ruído restante. Para a extração de características, foram extraídas cerca de 39.830 características de determinados ECGs, que foram divididas em onze grupos, incluindo a idade e o sexo, bem como outras características. As características seleccionadas incluíram medidas de ondas e segmentos fornecidos pela máquina de ECG e medidas de relação entre picos e vales. Para realizar este projeto, depois de remover o ruído, como mencionado, foi feito o reescalonamento do ECG para unificar a escala de amplitude, em seguida, foi feita a extração de características, onde o método aplicado pode obter completamente a distribuição de frequência empírica de P, Q, R, S, T e os segmentos entre eles, que são factores-chave para identificar ritmos para classificação, por último, O classificador utilizado aqui foi o classificador Extreme Gradient Boosting Tree (EGBT) e o classificador Gradient Boosting Tree (GBT). A ideia do Boosting é que se trata de uma forma iterativa, adicionando amostras mal classificadas da primeira iterativa à segunda, e assim sucessivamente até obter os melhores resultados. Os melhores resultados obtidos aqui foram F1-Score de 0,988 em pacientes sem condições cardíacas adicionais (EGBT), e F1-Score de 0,97 em pacientes com condições cardíacas adicionais (GBT). Adicionalmente, (Khan et al., 2021) introduziu uma outra técnica para a classificação de arritmias, utilizando DNN, com o objetivo de rever o desenvolvimento de técnicas de classificação de arritmias ao longo do tempo, o que é muito benéfico, uma vez que foram discutidas muitas técnicas como a Deep Neural Network (DNN), que, simplesmente, funciona como um cérebro humano, treinando-o bem, e é uma unidade fundamental que funciona como um neurónio treinado para algumas tarefas. Além disso, este trabalho forneceu técnicas utilizadas desde 2010 até 2022. Algumas das técnicas introduzidas para classificação foram a DNN, o Autoencoder, a Rede Neural Convencional (CNN), a Rede Neural Recorrente (RNN) e a Rede de Crença Profunda (DBN). Além disso, as técnicas introduzidas para a extração de características incluíram a Transformada de Fourier (FT), a Transformada Rápida de Fourier (FFT), a Memória de Longo-Curto Prazo (LSTM) e a Análise de Componentes Principais (PCA). De um modo geral, este trabalho foi estabelecido para comparação entre trabalhos anteriores em classificações

Além disso, foi introduzida uma nova técnica por (Baygin et al., 2021) para efeitos de deteção automática de arritmias, utilizando mais de 10 000 registos de ECG de indivíduos individuais. De facto, este trabalho propôs uma função específica de extração de características baseada no padrão gráfico da árvore homeomorficamente irredutível (HIT) (classificação ECG baseada em HIT), com a implementação da geração de características multinível baseada no agrupamento máximo absoluto (MAP). O MAP funciona através do encaminhamento dos valores de pico mínimo e máximo de um determinado sinal. Com a ajuda da técnica MAP, são gerados sete sinais decompostos. Agora, após a geração de características a partir dos sinais ECG introduzidos, através de vectores decompostos, serão obtidas características de baixo e alto nível. As 1000 características mais informativas, incluindo AlexNet, ResNets, VGGNets neste sistema, foram obtidas utilizando o seletor Chi2, que é, de acordo com (Baygin et al., 2021), um dos selectores mais rápidos. Neste sistema, foi utilizado o classificador Support Vetor Machine (SVM). As precisões mais elevadas obtidas foram 92,95% e 97,18% no Caso#1 (sete classes) e no Caso#2 (quatro classes). Passando para o trabalho de (Bertsimas et al., 2021)' s, que trata de um sistema CAD para a previsão de doenças cardíacas em tempo real. Neste trabalho, a extração de características foi feita dividindo as características utilizadas em quatro grupos. Foi extraído um total de 110 características. Em (Bertsimas et al., 2021)' s work, o pacote python TSFRESH foi utilizado para extrair 742 características relacionadas com a série temporal de um determinado sinal ECG. Finalmente, um total de 110 características foram seleccionadas através da aplicação do algoritmo Pan-Tompkins. O algoritmo XGBoost foi utilizado para classificar as características e selecionar as mais adequadas, e o Gradient Boosting Trees foi utilizado como classificador, tendo sido obtidas pontuações F1 entre 0,93 e 0,99 neste trabalho.

O próximo exemplo de trabalhos realizados nesta área foi um sistema CAD para a deteção de anomalias cardíacas baseado num conjunto de votações de previsões de classificadores de uma única derivação (Ensemble Voting of SingleLead Classifier Predictions), realizado por (Aublin et al.,

2021). Neste trabalho, os sinais de ECG fornecidos foram filtrados utilizando um filtro passa-banda. Em seguida, extraiu-se um total de 512 características de cada sinal com a ajuda do agrupamento máximo global. Essas características foram introduzidas no MLP totalmente ligado, juntamente com duas camadas ocultas com ativação linear rectificada com fugas. Finalmente, as saídas são ligadas através de uma arquitetura de rede neural de ativação sigmoide constituída por quinze blocos. A maioria desses blocos está ligada por convolução unidimensional seguida de ativação linear rectificada. Outro trabalho realizado nesta área foi o de (Wickramasinghe & Athif, 2021), onde foi efectuado um sistema CAD para a classificação de anomalias cardíacas multirrótulo a partir de ECGs utilizando DCNN. É evidente que o DCNN foi utilizado para classificar um determinado sinal de ECG, que é um ECG com 20 segundos de duração. Neste trabalho, o sinal foi pré-processado, normalizado, reamostragem e zeropadding para obter uma matriz de tamanho constante que representa o sinal de ECG. A Transformada Rápida de Fourier (FFT) foi utilizada para o processo de extração de características. Em seguida, os sinais foram dados a duas redes neurais convolucionais profundas separadas (DCNNs). A redução do excesso de ajuste e da complexidade do modelo foi efectuada utilizando desistências espaciais e agrupamento médio entre cada camada convolucional. Finalmente, como saídas, as saídas da rede no domínio do tempo e da frequência foram dadas e passadas para duas camadas densas para obter a saída final como uma matriz de tamanho 26. O trabalho seguinte é realizado por (Liu et al., 2021), intitulado "Automatic Multi-Label ECG Classification with Category Imbalance and Cost-Sensitive Thresholding". O método subjacente a esta investigação, tal como indicado no título, é Category Imbalance and Cost-Sensitive Thresholding (CICST). Para o pré-processamento, a reamostragem dos sinais de ECG para 250 Hz foi efectuada utilizando um filtro passa-banda, com uma banda passante de 0,1-50 Hz. Depois disso, foi efectuada a normalização dos sinais para que o valor médio fosse zero e o valor da variância fosse um. Para extrair características, utilizaram-se primeiro mapas de características. Em seguida, o mapa de características obtido foi entregue à camada de atenção para extrair os vectores de características finais, um vetor de características para cada classe. A rede neural residual 1D (1D ResNet) foi utilizada como extrator de características e como ferramenta de classificação. O sistema mencionado (Liu et al., 2021)' s utiliza a NN para a classificação de ECGs com vários rótulos e inclui a entrada da rede, sob a forma de sinal de ECG, na forma de (b x n x l), em que b é o tamanho do lote, n é o número de pontos de amostragem e l é o número de derivações de ECG. Os resultados do sistema proposto obtiveram 0,641 - 0,009 na técnica de validação cruzada 5 vezes

Além disso, (Rezaei et al., 2021) propôs outro sistema para a classificação em duas fases da arritmia cardíaca. A ideia principal do sistema proposto é efetuar a classificação com base em dois classificadores, em que o primeiro apenas classifica um determinado sinal em normal ou anormal, enquanto o segundo é especializado na determinação do tipo de sinal introduzido no sistema (AF e Arr). Para o efeito, foi extraído um total de características do ECG, tendo sido recolhidas amostras durante 10 segundos. O classificador XGBoost foi utilizado para a classificação proposta. Também foi utilizado o método de deteção de outliers utilizando o algoritmo Isolation Forest. Os resultados do sistema proposto atingiram uma precisão de 97,48, enquanto a sensibilidade e a especificidade do classificador da primeira fase foram de 0,785 e 0,81, respetivamente. Além disso, a sensibilidade e a especificidade do classificador da segunda fase foram de 0,986 e 0,909, respetivamente. O sistema proposto registou uma pontuação F1 para a primeira fase de 0,0797 e para a segunda fase de 0,946. Além disso, (Liu et al., 2021-2) propuseram um sistema CAD que utilizou Deep 1DCNNs com Mecanismo Residual e de Atenção para uma Classificação Multi-Rótulo de um dado sinal de ECG com várias derivações. Claramente, as 1DCNNs foram utilizadas como técnicas de extração e classificação de características. Para o efeito, o sistema proposto considerou todas as gravações e, em seguida, essas gravações foram cortadas ou comprimidas para 60 segundos com taxas de reamostragem de 300 Hz. Aqui, para fazer o sistema proposto, foi utilizado Python. Além disso, 1DCNNs com bloco residual e mecanismo de atenção squeeze-and- excitation (SE) (nomeadamente 1D RANet) foram os blocos principais do sistema, em que os resultados do bloco residual e do bloco de atenção SE foram introduzidos na 1D CNN para extrair características profundas. O sistema proposto foi capaz de classificar um dado sinal ECG numa das 27 classes com a ajuda de técnicas de aumento de dados.

Outro trabalho realizado por (Garcia-Isla et al., 2022) foi intitulado "Ensemble classification combining ResNet and handcrafted features with three-steps training" (Classificação de conjunto combinando ResNet e características artesanais com treino em três etapas). A partir do título, é evidente que a Rede Neuronal Residual (ResNet) foi utilizada como técnica principal. No sistema proposto, foi utilizada uma frequência de amostragem que varia entre 257 Hz e 1000 Hz. A duração das gravações foi variável: 5, 10, 120 segundos e 30 minutos. Foi efectuada uma reamostragem a 500 Hz e, em seguida, a filtragem do sinal dado utilizando o filtro Butterworth. Assim, no sistema proposto, foi efectuado o preenchimento zero dos sinais com menos de 10 segundos, enquanto os sinais de maior duração foram cortados aleatoriamente. O sistema proposto utilizou 20 características do ritmo cardíaco e os resultados foram introduzidos numa rede de 3 camadas totalmente ligada. Tal como no título do trabalho realizado, aqui foram efectuados três passos de treino, que são D + W + D, em que o primeiro D representa apenas o ramo profundo (D), W representa a integração e o treino alargados (D+W) e um último D representa a afinação fina do ramo profundo posterior ao treino alargado (D+W+D). Como resultado, antes de ser dado ao classificador, existe um passo de ramo profundo e largo. Além disso, foi utilizada a técnica de aumento de dados. As características foram calculadas com a ajuda dos picos R do ramo largo detectados no eletrodo II usando a técnica de limiar adaptativo de Christov, implementada pela biblioteca python Bioppsy (versão 0.6.1). Para além disso, foram calculadas características temporais a partir do intervalo RR. A Figura (4) foi uma figura útil e útil retirada do trabalho de (Garcia-Isla et al., 2022) para o processo de extração de características. Tal como no trabalho de (Liu et al., 2021-2), o bloco squeeze-and-excitation (SE) estava a fazer uma compressão de características através de uma camada de pooling média global. O bloco SE foi tomado como entrada de sinais ECG janelados. De um modo geral, o modelo proposto tem principalmente dois ramos que são o ramo profundo formado por uma ResNet modificada com camadas de convolução de dilatação e blocos SE (SE), que consiste em 20 características de aprendizagem automática integradas em três camadas densas sequenciais. Para implementar o trabalho mencionado, foram introduzidas entradas de ramo largo com 20 características numa rede totalmente ligada (FC) composta por 3 camadas densas. De facto, foi utilizada aqui uma validação cruzada de 5 vezes.

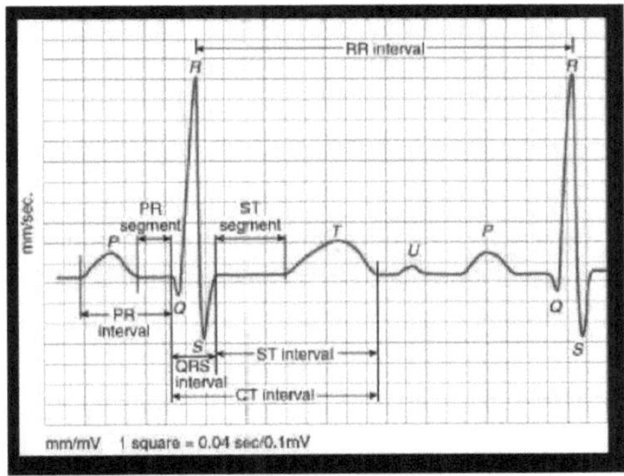

Figura (4): Figura útil para o processo de extração de características **Fonte:** Garcia-Isla et al., 2022

Adicionalmente, (Wesselius et al., 2021) fez uma revisão útil sob o título "Digital biomarkers and algorithms for detection of atrial fibrillation using surface electrocardiograms: Uma revisão sistemática". Como revisão útil, sugeriu que as bases de dados mais úteis para o desenvolvimento e teste de algoritmos de deteção de FA são retiradas da base de dados de arritmias (MIT-BIH). De um modo geral, a revisão menciona que os métodos de classificação, em geral, necessitam de um vetor de entrada que contenha características de um dado sinal de ECG, que podem ser características auriculares, características ventriculares ou características do sinal. Foram utilizadas ferramentas como o valor da raiz quadrada média (RMS) e a variância, a morfologia da onda ventricular é descrita em termos de durações e amplitudes dos complexos QRS e das ondas T. Tudo isto pode ser feito com a ajuda de algoritmos informáticos, como o cálculo do rácio entre a amplitude da atividade ventricular e a atividade auricular, características estatísticas dos complexos QRS e correlação entre batimentos, da mesma forma que no cálculo da irregularidade dos intervalos RR, uma vez que esta é uma caraterística importante utilizada em muitos casos de arritmias e pode ser considerada como a principal caraterística utilizada na prática clínica. Mais uma vez, o desvio padrão (SD) e a entropia da amostra, o coeficiente de variação e a raiz do quadrado médio das diferenças sucessivas (RMSSD) dos intervalos RR são boas ferramentas e indicadores para o caso do ECG. Por exemplo, de acordo com o trabalho efectuado, o intervalo RR torna-se mais pequeno com o aumento da FC ou da frequência cardíaca, pelo que o efeito de variação será menor devido aos intervalos RR. De acordo com o trabalho efectuado, os batimentos ventriculares prematuros, que são indicadores de casos cardíacos importantes, podem ser calculados através de uma ferramenta importante, como os gráficos de Poincare ou Lorenz, utilizados para analisar intervalos RR sucessivos. Para os intervalos RR, a entropia é uma ferramenta importante para medir a irregularidade do intervalo RR. A entropia da amostra, definida por (Wesselius et al., 2021)' s work, é utilizada para descrever a complexidade de uma série cronológica, ou seja, em que medida duas séries de intervalos RR coincidentes continuarão a coincidir no próximo intervalo RR, enquanto outro tipo de entropia, denominada entropia de Shannon, mostra a quantidade de informação ou incerteza. No caso da FA, por exemplo, a variação dos intervalos RR é cada vez maior, pelo que a entropia de Shannon aumenta. Por outro lado, a partir da entropia da amostra, é possível calcular um fator importante, denominado coeficiente da entropia da amostra (CoSEn). Além disso, a irregularidade dos intervalos RR, o intervalo RR médio é benéfico. Características do sinal. Para além das medidas estatísticas mencionadas, a análise Wavelet e a transformada Wavelet, a transformada de Fourier (FT), bem como a transformada rápida de Fourier (FFT), a análise do espaço de fase, os expoentes de Lyapunov, a análise bispectral e a qualidade do sinal são algumas das características a ter em conta. Geralmente, as propriedades básicas do sinal, incluindo características morfológicas, características estatísticas, características de transformação com a ajuda da utilização de propriedades básicas do sinal e medidas estatísticas, incluindo amplitudes máximas e mínimas, comprimento do sinal, potência do sinal, quantis, valores médios, desvios-padrão e outras características que descrevem a natureza do sinal, são utilizadas em muitas investigações efectuadas, analisadas por (Wesselius et al., 2021)' s work in feature extraction process. Para a classificação, em geral, as técnicas utilizadas para a classificação podem ser agrupadas em seis categorias principais, que são a classificação baseada em regras, a(s) árvore(s) de decisão, a classificação por k-vizinhos mais próximos (k-NN), a análise de regressão, as máquinas de vectores de apoio (SVM) e as redes neuronais (NN).

Muitos outros trabalhos são efectuados na área da classificação de sinais de ECG. (Shang et al., 2021) fez um trabalho intitulado "Deep Discriminative Domain Generalization with Adversarial Feature Learning for Classifying ECG Signals". Neste trabalho, os ECGs foram reduzidos para

300 Hz e, em seguida, foram filtrados por análise wavelet. Aleatoriamente, neste trabalho, os ECGs foram recortados ou adicionados a zero para 4.096 amostras. Tal como no trabalho de (Garcia-Isla et al., 2022)' s, foi utilizada a SE-ResNet para efetuar a classificação multitarefa. Neste trabalho, a camada de inversão de gradiente foi utilizada como parte de um esquema de aprendizagem de características adversárias para aprender representações de domínio invariante e discriminativas. Além disso, existe outro trabalho efectuado por (Linschmann et al., 2021), que utilizou DNN. De facto, (Linschmann et al., 2021)' s work specialized for Multi-label Classification of Cardiac Abnormalities for Multi-lead ECG Recordings, foi realizado com base em características de auto-encodificador e em técnicas de classificação de uma Rede Neuronal (NN). Neste trabalho, existem três partes, que são a CNN para estender o espaço de características, LSTM e estrutura de rede linear para extração de características, e a terceira é uma camada linear com ativação sigmoide para classificação multi-rótulo. A rede deste modelo rotula 6 segmentos aleatórios de 8 segundos das derivações I e II escolhidas dos registos de ECG e, em seguida, o sistema combina os rótulos de acordo com uma regra do sistema. Para efeitos de treino do sistema, foi utilizada uma função de perda personalizada que pode ser assumida como uma função Softmax ponderada e generalizada com diferenças quadráticas. O sistema utilizou uma validação cruzada de 5 vezes. Adicionalmente, (Magni et al., 2021) realizou um trabalho de sistema CAD intitulado que combina o modelo ResNet com características temporais artesanais, com o objetivo de classificar ECG, com números de derivações variáveis. No trabalho realizado, os segmentos de ECG recolhidos foram amostrados a 257 Hz, num total de 4096 amostras, e a ideia de classificação baseou-se no desequilíbrio. Depois disso, as entradas FC foram características de ritmo padrão extraídas da série RR. Assim, o desequilíbrio das classes foi atenuado seleccionando apenas um terço dos registos de ritmo sinusal normal e bradicardia sinusal. Aqui, foram identificados três tipos de rótulos que incluem os que afectam o ritmo cardíaco, a morfologia do ECG ou ambos. Além disso, "Leveraging Period-Specific Variations in ECG Topology for Classification Tasks" é outro trabalho realizado por (Ignacio, 2021), onde, neste trabalho, foi feita a conversão de segmentos de ECG incorporados em espaço de alta dimensão, em seguida, extraindo resumos topológicos, e comparando-os foi feito. Neste trabalho, foi utilizado o classificador random forest. Outro exemplo de sistemas CAD é um modelo feito por (Suh et al., 2021) para aprender ECGs

para fazer Multi-Label Classification de diferentes tipos de Anormalidades Cardíacas. Neste caso, foi utilizado o modelo EfficientNet-B3 como modelo de aprendizagem profunda de base. Neste trabalho, foi utilizada a técnica de aumento de dados. Para o pré-treinamento, foi utilizada a aprendizagem auto-supervisionada. Também neste trabalho, foi feita a rotulagem por mascaramento, que pode lidar com várias fontes de dados, bem como a utilização da técnica de otimização de limiares.

Mais exemplos de trabalhos efectuados na área da classificação de ECG poderiam ser aqui mencionados. Por exemplo, o sistema CAD, que utilizou DCNN interpretável especializada para a classificação multi-rótulo de ECGs de derivação reduzida, foi realizado por (Wickramasinghe & Athif, 2022). A DCNN foi utilizada como técnica de classificação. Tal como no trabalho de (Garcia-Isla et al., 2022), as gravações com menos de 20 segundos foram normalizadas, reamostradas e, em seguida, foi-lhes aplicado o zero-padding. A transformada rápida de Fourier (FFT) foi utilizada para o processo de extração de características. Em geral, os domínios do tempo e da frequência dos sinais foram introduzidos em duas DCNNs separadas, em que as saídas das redes foram concatenadas e passaram por uma camada totalmente ligada que produziu as probabilidades de 26 classes. As três melhores classes têm pontuações F1 médias de 0,53, 0,56 e 0,56, respetivamente. Adicionalmente,

2- D (CNN) com conexão residual e mecanismo de atenção foi utilizado no trabalho de (Xia et al., 2021) intitulado como, este trabalho, tem uma CNN Multi-Scale para classificar Arritmia em ECGs de chumbo reduzido. Neste trabalho, os primeiros 10 segundos de um determinado registo foram recolhidos e pré-processados para servirem de entrada para o treino de ponta a ponta. Para extrair a caraterística patológica, foram utilizadas redes de ramos múltiplos com a ajuda de uma série de núcleos de convolução 2-D (filtros). Além disso, (van Prehn et al., 2021) introduziu um sistema especializado para sinais de tempo curto, nomeadamente, o trabalho foi intitulado "Pathologies Prediction on Short ECG Signals with Focus on Feature Extraction Based on Beat Morphology and Image Deformation". Neste caso, foi utilizada a técnica de deformação de imagens em vez de sinais. Para além da deformação da imagem, a extração de características foi baseada nas definições utilizadas na prática médica, bem como na morfologia dos batimentos. Após a extração das características, foi efectuado o treino de um classificador binário para cada patologia cardíaca. Por fim, no suposto sistema, foi feita a combinação de classificadores binários com um classificador multirrótulo através da aprendizagem de limiares sobre as pontuações dos classificadores binários utilizando a otimização Bayesiana numa configuração de validação cruzada. (Sodmann et al., 2021) propôs um outro trabalho intitulado "Segment, Perceive and Classify - Multitask Learning of the Electrocardiogram in a Single Neural Network" (Segmentar, percecionar e classificar - aprendizagem multitarefa do eletrocardiograma numa única rede neuronal). Foram utilizadas técnicas como a segmentação e a deteção de extra-sístoles. A segmentação foi usada para 1.789 ECGs para obter segmentos de onda P, QRS e onda T. Em seguida, cada extrassístole foi anotada como supraventricular ou ventricular. De um modo geral, neste trabalho, foi implementada uma nova rede baseada na aprendizagem multitarefa que combina a classificação com a segmentação e a deteção de extra-sístoles. Aqui, foi utilizada a segmentação e, em seguida, a recente arquitetura Perceiver para obter resultados de classificação de ECG.

(Alqudah & Alqudah, 2021) propôs um modelo intitulado que utilizou uma técnica de aprendizagem profunda especializada para a deteção de tipos de arritmia num batimento de ECG de derivação única, com a ajuda de uma nova representação do espetrograma da íris. Neste sistema, a classificação de 17 classes de arritmia cardíaca foi feita, em primeiro lugar, a análise de determinada batida de ECG usando cálculos do espetro da íris foi feita, então, os resultados foram dados à CNN. Além disso, foi utilizada uma validação cruzada de dez vezes. Os resultados mais elevados de exatidão foram 99,13% ± 0,25, 98,223% ± 0,85 e 97,494% ± 1,26 para a 13ª, 15ª e 17ª classes de arritmia. Além disso, com base na Rede de ECG Espácio-Temporal, (Chen et al., 2021) introduziu um sistema CAD para deteção de distúrbios cardíacos a partir de ECGs Multi-Lead. Aqui, foi proposto um módulo de atenção especializado para a captação de características espaciais globais. Além disso, foram utilizadas características espácio-temporais (ST). A ideia principal do sistema é a utilização de uma rede ST-ECG profunda (ST-ECGNet) para extrair características ST robustas. Por outras palavras, a extração de características espaciais locais foi feita utilizando a combinação de CNNs com a ajuda da ST-ECGNet. O próximo trabalho realizado nesta área foi feito por (Shanmugavadivel et al., 2022), que se especializou em imagens ECG e forneceu uma investigação da aplicação de ML ou Machine Learning e abordagens de Deep Learning sintonizadas com hiperparâmetros para a deteção de uma arritmia. Neste trabalho, para obter combinações de parâmetros óptimas que possam minimizar a função de perda, foi utilizado um novo modelo CNN de afinação de hiperparâmetros. Para a geração de grandes conjuntos de dados, foi efectuado um aumento dos dados. Máquina de Vectores de Suporte (SVM), Naïve Bayes (NB), Regressão Logística (LR) e CNN foram todos utilizados como classificadores para o sistema, que lidava com imagens, em vez de sinais. De facto, para ter o sistema proposto, foi mencionada uma revisão da literatura muito útil, em que foi feita uma comparação entre trabalhos anteriores. As precisões obtidas após a utilização do sistema são de 80% para o classificador SVM, 73% para o classificador Naïve Bayes, 70% para o classificador Logistic Regression, 91% para o classificador CNN- Baseline model e a precisão mais elevada foi de 94% para o classificador CNN-Hypertuned model. Outro exemplo útil de trabalhos realizados nesta área é "Atrial Fibrillation Discrimination for Real-Time ECG Monitoring Based on QT Interval Variation" (Discriminação de fibrilhação auricular para monitorização de ECG em tempo real com base na variação do intervalo QT) realizado por (Soni et al., 2022) com base na base de dados AF retirada da base de dados de arritmia MIT-BIH. Em primeiro lugar, foi aplicado um filtro passa-banda Butterworth com uma frequência de corte baixa de 0,5 Hz; além disso, a frequência de amostragem foi de 250 Hz. Assim, foi efectuado um processo de filtragem em duas fases para remover o ruído do sinal ECG em causa. No sistema proposto, a exclusão de características irrelevantes foi feita com a ajuda da técnica de códigos de saída com correção de erros (ECOC), que tem o algoritmo de melhor desempenho, pelo que, através da técnica ECOC, foi feita a extração de características, para ter o máximo de características possíveis que possam ser afectadas devido à FA. A extração de características do ECG foi feita utilizando técnicas como a WT, a Transformada Discreta de Cosseno (DCT), o Detetor de Ondas utilizando a Deteção Discreta de Wavelet, a limiarização adaptativa e o método de janelamento, tal como sugerido na literatura. De um modo geral, as características extraídas neste sistema foram agrupadas em características no domínio do tempo, espectrais, temporais e morfológicas. Além disso, no sistema proposto, foram aplicados os métodos Naïve Bayes, Árvore de Decisão e K-NNN (K Nearest Neighbor) para reduzir ao máximo as características e utilizá-las como classificadores, sendo o "batimento cardíaco" e o "intervalo QT médio" as características mais relevantes afectadas durante os eventos de FA. Para chegar a esse resultado, foram tentadas muitas combinações de características possíveis, como (intervalo RR + batimento cardíaco), (intervalo RR médio + batimento cardíaco), (intervalo RR médio + QT médio). Além disso, foram detectados e marcados os picos da forma de onda do ECG (marcação de picos QRST). A precisão mais elevada obtida foi de 89,6% com a utilização do classificador ECOC.

Continuando com a menção de exemplos de trabalhos realizados em áreas de interesse semelhantes, (Sundararajan et al., 2021) propôs um sistema CAD, utilizando a classificação MultiLabel, para o processo automatizado de diagnóstico de doenças cardíacas a partir de ECGs de doze derivações e de derivações reduzidas, em que, neste sistema, foi efectuada uma reamostragem dos dados fornecidos a 500 Hz, seguida da extração de características a partir de Random Convolutional Kernel Transforms (ROCKETs), com a utilização do classificador XGBoosting. Tal como referido por (Sundararajan et al., 2021), a ausência de deteção de QRS ou de conceção de DNN é uma forma de obter um desempenho promissor no conjunto de validação interna. Finalmente, neste caso, foram utilizadas oito e duas dobras da divisão iterativa de 10 dobras. Além disso, um outro sistema CAD utilizou a cadeia de classificadores CNN para efetuar a classificação de ECG com vários rótulos, tendo este trabalho sido realizado por (Singstad et al., 2021), onde, principalmente, se procurou encontrar picos e calcular a AHR da frequência cardíaca média, seguindo-se a utilização do sistema (CNN) para classificar determinados ECG com ritmos regulares ou irregulares (Singstad et al., 2021). Neste caso, 9 das 26 classes foram classificadas nesta etapa. O passo final no sistema proposto foi a utilização dos resultados da classificação do segundo passo e do sinal de ECG em bruto como entradas para a cadeia de classificadores, onde, neste passo, os modelos CNN numa cadeia de classificadores foram treinados para classificar as restantes 17 classes. Outro modelo vantajoso foi criado por (Aublin et al., 2022). Neste caso, o sistema proposto tinha, em primeiro lugar, um classificador híbrido de diagnóstico de chumbo, que foi treinado para prever as patologias a partir de dados recolhidos. Além disso, foi utilizada uma CNN com características criadas à mão através de uma camada totalmente ligada. O sistema efectuou a votação das previsões com base em um único eletrodo. O sistema proposto tinha uma ideia de classificador que se baseava na votação ponderada de vários modelos baseados em derivação única, combinando a representação de aprendizagem profunda (DL) e características criadas manualmente, de acordo com (Aublin et al., 2022), o sistema proposto foi capaz de classificar 26 anomalias cardíacas. Além disso, "Automated Detection of Atrial Fibrillation using R-R intervals and multivariate based classification" é outro exemplo de sistemas CAD, que foi feito por (Kennedy et al., 2016), com um conjunto de dados de 322 registos. Neste trabalho, o conjunto de dados foi dividido aleatoriamente num conjunto de dados de treino de 249 doentes (75%) e num conjunto de dados de teste dos restantes 73 doentes (25%). O principal objetivo do trabalho é detetar automaticamente a FA a partir do ECG e classificar a AFIB e a SR. Neste sistema, as características relacionadas com o intervalo R-R são as mais relevantes, pelo que o pré-processamento do intervalo R-R foi efectuado utilizando um filtro mediano simples de três pontos, que foi aplicado aos dados do intervalo R-R antes da análise. Mais uma vez, para ter o sistema proposto, as características relacionadas com os intervalos R-R, ou medidas relacionadas com a irregularidade, foram tidas em consideração. Para o efeito, o coeficiente de entropia da amostra (CoSEn), CV, RMSSD e MAD foram utilizados como características no sistema proposto. A classificação foi efectuada neste sistema com a ajuda das técnicas Random Forest (RF) e K Nearest Neighbors (KNN). No sistema proposto, os resultados ou saídas de cada medição da irregularidade R-R foram utilizados, de forma iterativa, como características de entrada para desenvolver os modelos de classificação RF e KNN. De acordo com (Kennedy et al., 2016), a utilização de intervalos R-R tem algumas limitações, como a utilização de funções relacionadas com a análise da onda P. Os resultados do sistema proposto mostram que a RF para a classificação e deteção de FA resultou numa especificidade global de cerca de 98% e num PPV de cerca de 92% com uma redução de cerca de 93%. Em comparação com o KNN, o RF apresentou melhores resultados.

Os dois últimos exemplos de sistemas CAD efectuados, incluindo trabalhos, foram realizados por (Zhu et al., 2013) e (Asgari et al., 2015), respetivamente. O primeiro sistema CAD foi desenvolvido por (Zhu et al., 2013), especializado na deteção automatizada de arritmias de ECG utilizando Maximum Margin Clustering com Immune Evolutionary Algorithm. Aqui, foi utilizado um conjunto de dados de 1682 registos, este conjunto de dados foi retirado dos laboratórios do MIT no Hospital Beth Israel de Boston (MIT-BIH), tal como aqueles que utilizaram a mesma fonte de conjunto de dados em (Wesselius et al., 2021) (Soni et al., 2022). Aqui, a utilização de um filtro ECG adaptativo baseado em transformadas wavelet foi efectuada para um dado sinal ECG em bruto. Assim, utilizou-se aqui a transformada de ondaletas. No sistema proposto, foram utilizadas características das medições de ondas e segmentos para classificar os batimentos cardíacos ectópicos. Agora, a extração de características de um dado sinal de ECG foi feita para agrupar diferentes tipos de arritmias através do agrupamento de margem máxima com um algoritmo evolutivo imune (IEMMC). No sistema proposto, o pré-processamento é efectuado em primeiro lugar através da filtragem do sinal de ECG utilizando um filtro adaptativo baseado na transformada wavelet, tal como mencionado, que combina as vantagens da transformada wavelet e das técnicas de filtragem adaptativa. Em seguida, procede-se à deteção de R, através da deteção do complexo QRS, da deteção de QS e da deteção das ondas P e T. Tal como referido por (Zhu et al., 2013), a extração de características da forma de onda do ECG na classificação do ECG é importante. No sistema proposto introduzido, foram utilizados três algoritmos separados para esse efeito, sendo cada um deles especializado na deteção de determinada forma de onda do sinal de ECG. O sistema proposto registou uma sensibilidade de 90,3 %, uma especificidade de 97,4 % e uma precisão de 95,9 %. O segundo e último exemplo de trabalhos realizados na área dos sistemas de classificação automática de ECG é o trabalho realizado por (Asgari et al., 2015), que se centrou na introdução de um sistema CAD para a deteção automática de fibrilhação auricular, com base na utilização da transformada de wavelet estacionária e do SVM. Neste trabalho, foi efectuada a deteção de FA e de AFIB, pelo que foram utilizadas as características do rácio de potência pico-média e da entropia de log-energia para detetar AFIB. A máquina de vectores de suporte ou SVM foi utilizada como ferramenta de classificação, juntamente com a utilização da transformada Wavelet, ao contrário de muitos outros algoritmos e sistemas existentes; o sistema proposto não utiliza técnicas de deteção de pico P ou pico R. Aqui, foi utilizada a técnica de validação cruzada 2 vezes. Os resultados do sistema registaram 99,5% da curva (ROC), juntamente com o registo de 97,0% e 97,1% para a sensibilidade e especificidade, respetivamente.

Ora, a partir dos sistemas de classificação ou dos sistemas CAD mencionados, é evidente que, em geral, o sistema de classificação CAD ECG consiste essencialmente numa etapa de pré-processamento, que inclui normalmente técnicas como a reamostragem, seguida da extração de características, podendo estas ser características morfológicas do ECG, características estatísticas e características de transformação do domínio. Em seguida, é aplicada a regra da técnica de classificação, como classificadores CNN, classificadores em árvore, classificadores Support Vetor Machine (SVM), classificadores Naïve Bayes (NB), classificadores Logistic Regression (LR) e outros classificadores possíveis. Na maioria dos trabalhos efectuados, é utilizada a técnica de validação cruzada 5 vezes para testar aleatoriamente e aprender o classificador utilizado. De qualquer modo, outros trabalhos podem utilizar a técnica de validação cruzada de 2 ou 10 vezes, ou alguns trabalhos podem dividir manualmente, não de forma aleatória, um determinado conjunto de dados para grupos de teste e aprendizagem do classificador utilizado. Finalmente, para avaliar o trabalho do sistema CAD proposto, são utilizadas técnicas de avaliação como a exatidão, a sensibilidade, a especificidade, o valor preditivo positivo (VPP), o valor preditivo negativo (VPN), a taxa de erro e a área sob a curva (AUC) da curva ROC (Receiver Operating Characteristic). A maioria dos sistemas CAD propostos e mencionados utilizou MATLAB ou Python. De qualquer modo, nos trabalhos mencionados, nenhum utilizou a aplicação Classification Learner ou, pelo menos, mencionou-a. Além disso, todos os trabalhos anteriores utilizaram um, dois ou um número limitado de classificadores, pelo que, neste trabalho proposto, que utiliza a aplicação Classification Learner juntamente com a tentativa de todos os classificadores possíveis, se procura obter os melhores resultados possíveis.

Metodologia

Para implementar o sistema CAD proposto, foram efectuados cinco passos principais: em primeiro lugar, foram obtidos sinais do conjunto de dados e divididos em grupos de teste e de treino para cada classe. Para cada classe, 66,67% do conjunto de dados foi utilizado para fins de teste, e os restantes sinais do conjunto de dados utilizado 33,33% foram especializados para fins de teste. Em segundo lugar, o passo de pré-processamento foi efectuado através da técnica de reamostragem, em que, neste passo, a amostragem de dados a 360 amostras/segundo foi efectuada para os sinais do conjunto de dados, exceto para os sinais VF que foram amostrados a 250 amostras/segundo. Depois disso, procedeu-se à extração de características. Na verdade, no sistema CAD proposto, em primeiro lugar, o sistema tentou classificar um determinado sinal apenas nas classes Normal ou Anormal e, em seguida, o sistema tentou classificar um determinado sinal numa das cinco classes seguintes: Normal, VCouplet, VTachy, VBigeminy ou VFibrillation. No processo de extração de características, apenas para o caso da classificação Normal e Anormal, foram experimentadas 94 características, incluindo características estatísticas de primeira ordem, bem como outras características, aqui, dependendo dos resultados do teste T, 84 características foram consideradas úteis, (Valor P
< 0,05), enquanto que no caso da classificação de um dado sinal numa das cinco classes mencionadas, verificou-se que apenas 79 das 94 características eram valiosas (P-Value
< 0.05). O quarto passo efectuado neste sistema CAD foi a classificação, em que, no caso de o sistema funcionar apenas para a classificação Normal e Anormal, os resultados da fase de classificação serão apenas sinais Normais e Anormais que correspondem à Classe #1 (Normal), ou Classe#2 (Anormal), enquanto que, no caso da classificação de Cinco Classes, os resultados da fase de classificação podem ser uma de cinco classes que são Normal, VCouplet, VTachy, VBigeminy, ou VFibrillation, correspondendo à Classe #1, Classe #2, Classe #3, Classe #4, e Classe #5 respetivamente. Neste caso, foi efectuada uma nova divisão do conjunto de dados, através da técnica de validação de cinco cruzamentos ou validação de 5 cruzamentos, pelo que 80% do conjunto de dados foi aleatoriamente utilizado para efeitos de treino, enquanto os restantes 20% do conjunto de dados foram utilizados para efeitos de teste, mais uma vez, de forma aleatória. A técnica de validação cruzada 5

foi aplicada a todas as classes. Agora, para o quarto passo, que é a classificação, foi utilizada a aplicação Classification Leaner, que permite implementar todos os classificadores para obter os melhores resultados de precisão possíveis. Por último, deve referir-se que a classificação foi efectuada com e sem a aplicação da análise de componentes principais (PCA) existente na aplicação Classification Learner para obter os melhores resultados de classificação possíveis. A fase final do sistema proposto, que é o quinto passo, é o cálculo dos produtos de avaliação ou das avaliações de desempenho do sistema proposto, em que, neste passo, foi introduzida a exatidão de cada classificador, bem como, com a ajuda da matriz de confusão produzida pela aplicação Classification Learner, o cálculo da sensibilidade, da especificidade, do valor preditivo positivo (VPP), do valor preditivo negativo (VPN), da taxa de erro, bem como da área sob a curva da curva ROC produzida pelo sistema, foram efectuados e fornecidos para cada classe. Naturalmente, todas as fases do sistema proposto foram efectuadas em MATLAB. A Figura 5 mostra a ideia geral ou o processo do sistema CAD proposto, especializado para fins de classificação de ECG. Na verdade, mais informações sobre o conjunto de dados utilizado, a extração de características, a classificação e as etapas de avaliação do desempenho serão apresentadas mais tarde.

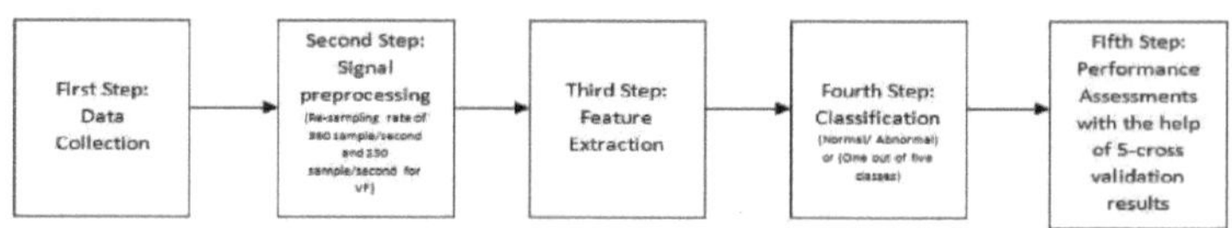

Figura (5): Processo geral do sistema CAD proposto **Fonte:** O diagrama foi gerado pelos autores

Conjunto de dados utilizado

De facto, para implementar o sistema CAD proposto, tal como mencionado na Fig. 6, foi escolhido um conjunto de dados ou uma base de dados de sinais ECG. Assim, 480 sinais de ECG pertencentes a cinco tipos ou classes diferentes de sinais de ECG foram retirados da base de dados de arritmias do Massachusetts Institute of Technology-Beth Israel Hospital (MIT-BIH), onde todos os sinais têm 3 segundos de duração, tendo sido escolhidos como base de dados do sistema proposto (MIT-BIH Arrhythmia Database, 1997). Assim, foram incluídas cinco classes ou tipos nos 480 ECG mencionados, que são Normal ou Classe #1 (NR), Casal Ventricular ou Classe #2 (VC), Taquicardia Ventricular (VT) da Classe #3, Bigeminia Ventricular ou Classe #4 (VB), e Fibrilhação Ventricular ou Classe #5 (VF). Cada classe tem 96 sinais divididos em 64 sinais para fins de treino ou aprendizagem, enquanto outros, que são 32 sinais, foram especializados para fins de teste, em percentagem, 66,67% do conjunto de dados para cada classe foi para treino e 33,33% foi para testar o sistema. De facto, a divisão do conjunto de dados como mencionado foi a ideia básica do sistema, no entanto, após a implementação da técnica de validação cruzada 5, aleatoriamente, 80% do conjunto de dados de cada classe foram utilizados para fins de aprendizagem, enquanto os restantes 20% do conjunto de dados de cada classe foram utilizados para fins de teste, mais uma vez, aleatoriamente, este processo é repetido pela aplicação MATLAB Classification Learner 5 vezes, também, aleatoriamente. De facto, a forma mencionada de dividir os sinais do conjunto de dados foi utilizada para fins de classificação de cinco classes. De qualquer modo, no caso de o sistema proposto ser utilizado apenas para a classificação Normal/Anormal, todas as outras quatro classes do conjunto de dados (VC, VT, VB e VF) são consideradas como sinais Anormais, representando 384 sinais, enquanto a primeira classe é considerada como Normal, incluindo 96 sinais, em que a divisão para efeitos de treino e teste foi efectuada nas percentagens do sistema de classificação de Cinco Classes. Como mencionado, utilizando o MATLAB, exceto os sinais ou a classe VF, que foram amostrados a 250 amostras por segundo, todos os sinais das outras classes foram amostrados a 360 amostras por segundo. A Figura 6 abaixo mostra amostras de sinais amostrados, ou sinais do conjunto de dados utilizados para a classificação Normal/Anormal, o sinal Normal é considerado como Classe #1, enquanto todas as outras classes são consideradas como Classe #2 ou Anormal. Para além disso, a Figura 7 mostra amostras de sinais do conjunto de dados obtidos no caso de um dado sinal de ECG ser classificado como uma de cinco classes, que podem ser Normal ou Classe #1 (NR), Casal Ventricular ou Classe #2 (VC), Taquicardia Ventricular (VT) de Classe #3, Bigeminia Ventricular ou Classe #4 (VB), ou Fibrilação Ventricular ou Classe #5 (VF).

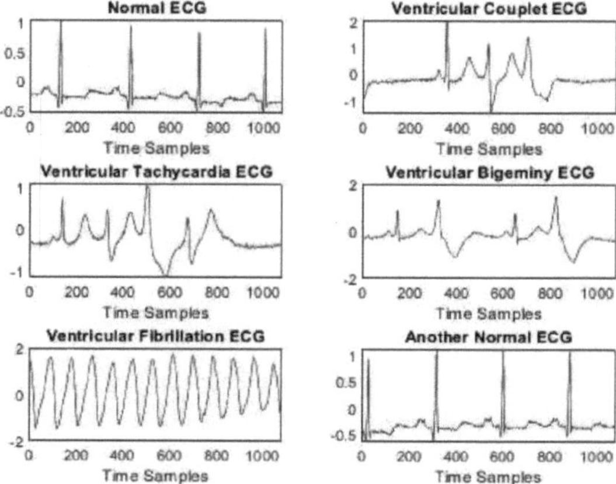

Figura (6): Amostra dos sinais do conjunto de dados utilizados para a classificação Normal e Anormal **Fonte:** Do MATLAB R2021b gerado pelo nosso código fonte

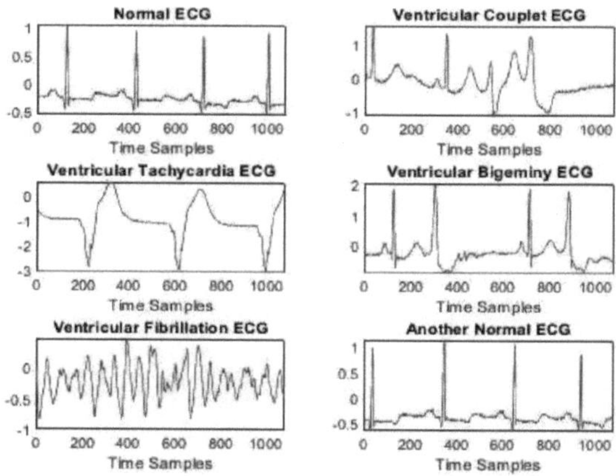

Figura (7): Amostra de sinais do conjunto de dados utilizado para a classificação de cinco classes **Fonte:** Do MATLAB R2021b gerado pelo código fonte dos autores

Extração de características

Na verdade, no sistema CAD proposto, a etapa de extração de características foi realizada num processo iterativo. Para o efeito, a utilização da aplicação Classification Learner App construída em MATLAB foi uma ferramenta muito útil. De facto, depois de adicionar um grupo de características, a aplicação Classification Learner foi testada até se obter a melhor precisão possível, o que significa que a extração de características foi feita de forma iterativa. Agora, se a aplicação Classification Leaner for utilizada, sem a implementação da Análise de Componentes Principais (PCA), todas as características podem ser utilizadas no processo de classificação. No entanto, através do MALTAB, e utilizando o valor P, o sistema CAD proposto testa apenas as características que são estatisticamente significativas. De qualquer modo, isto é feito sem a aplicação da aplicação Classification Learner, uma vez que a aplicação da aplicação utilizaria todas as características mencionadas, ou esse grupo de características, se a aplicação da PCA tiver sido efectuada. Assim, foram experimentados cinco grupos de características, que são indicados na Tabela (1) abaixo. O primeiro grupo de características centrou-se principalmente nas características estatísticas básicas de primeira ordem, incluindo a média, o desvio-padrão (Std), a média da derivada e o Std da derivada, tendo a melhor precisão sido obtida com o classificador KNN ponderado, com 77,3 %. Em seguida, foram utilizadas características do domínio da transformação, incluindo coeficientes de Fourier com 64 bandas a utilizar, valor absoluto (Abs) da transformada rápida de Fourier (FFT), média das bandas, Std das bandas, magnitude máxima das bandas e número de bandas (frequência), tendo a melhor precisão obtida sido obtida com o classificador Cosine KNN (o número de vizinhos é 10) com 45,6%. Por isso, foi adicionado um terceiro grupo de características, que contém duas partes, em que a primeira se centrava em características estatísticas avançadas de primeira ordem, incluindo Mean, Std, Std^2, Mode, Variance (Var), Quantile de 0,1 a 0,9 e percentil de 10 a 90. A segunda parte das características do terceiro grupo centrava-se nas características morfológicas baseadas na análise temporal e espetral de um determinado sinal de ECG. Aqui, as características incluídas eram: avgHR, meanRR, RMS Distance of Successive R-R interval (RMSSD), Number of R peaks in ECG that differ more than 50 millisecond (nn50), percentage NN50 or pnn50, sd_RR, sd_HR, Sample Entropy (SE), Power Spectral Entropy (pse) e Average Heart Rate Variability (average_hrv). De facto, a segunda parte mencionada das características utilizadas no terceiro grupo de características foi feita com recurso a uma caixa de ferramentas muito útil no MATLAB, designada por caixa de ferramentas "ECG Feature Extrator", em que a versão utilizada é a versão 1.0 (4,93 KB) feita por Shantanu Deshmuk (Deshmukh, ECG feature extrator, 2017). Naturalmente, esta foi uma caixa de ferramentas útil que está pronta a ser utilizada para a extração de características temporais e espectrais do sinal de ECG, uma vez que calcula as características do ECG com base na análise temporal e espetral. Na verdade, muitos processos de extração de características desta caixa de ferramentas foram utilizados para extrair características na segunda parte do terceiro grupo de características, enquanto outras características, como as características estatísticas, bem como as características do domínio de transformação, foram extraídas com a ajuda de funções existentes no MATLAB. Aqui, no terceiro grupo de características, a melhor precisão alcançada foi de 71,7% com o classificador de árvore fina. Assim, a última tentativa para melhorar a precisão obtida foi a combinação de grupos de características. Assim, uma vez que a combinação do primeiro e do segundo grupos de características resultou numa precisão mais elevada de 61,9% com o classificador Fine Tree, ainda é necessário melhorá-la. Como resultado, a melhor precisão obtida foi a combinação do primeiro, segundo e terceiro grupos de características, em que, com o classificador Wide Neural Network, esta combinação obteve uma precisão de 89,0%. Assim, as características finais a utilizar pelo sistema proposto foram as que combinam as características dos grupos um, dois e três. Neste caso, pode considerar-se que estas características contêm algumas das características morfológicas do ECG, características estatísticas e características de transformação de domínio, resultando num número total de 94 características. Além disso, deve ser mencionado que todos os resultados de precisão aqui mencionados foram obtidos para a classificação de cinco classes de um determinado ECG e, claro, sem uma implementação de PCA, como mencionado anteriormente.

Tabela (1): Todas as características utilizadas no sistema proposto

Feature group	Features type	Used features	Best reached accuracy
1	Basic first order statistical features	Mean, Std, mean of derivative, Std of derivative	77.3 % (Weighted KNN classifier)
2	Transform domain features	Fourier Coefficients with 64 as bands to be used, Abs value of FFT, mean of bands, Std of bands, max band magnitude and band number (freq)	45.6% (Cosine KNN classifier)
3	First order statistical features and morphological features based on temporal and spectral analysis	Mean, Std, Std^2, Mode, Var, Quantile from 0.1 to 0.9, percentile from 10 to 90, avgHR, meanRR, rmssd, nn50 (Number of R peaks in ECG that differ more than 50 millisecond), pnn50, sd_RR, sd_HR, se (Sample Entropy), pse (Power Spectral Entropy), average_hrv (Average Heart Rate Variability),	71.7% (Fine Tree classifier)
4	-	Combination of first and second group of features	61.9% (Fine Tree classifier)
5	-	Combination of first, second, and third group of features	89.0% (Wide Neural Network classifier)

Classificação

Esta é a parte central do sistema, uma vez que este passo, se for executado corretamente, atingirá o objetivo principal do sistema, a fim de classificar um determinado sinal de ECG. No início, o sistema tentou classificar um determinado sinal apenas como sinal de ECG normal ou anormal. Como já foi referido, foram retirados da base de dados de arritmias (MIT-BIH) 480 sinais ECG pertencentes a cinco tipos ou classes diferentes de sinais ECG. No caso de o sistema ser utilizado apenas para a classificação de ECG normal ou anormal, 96 sinais devem ser classificados como sinais normais ou Classe#1, enquanto todos os outros sinais são sinais de ECG anormal ou Classe#2, que são 384 sinais. Aqui, foi feita a divisão de cada classe para fins de treino e teste. Para a Classe#1, 64 sinais foram especializados para fins de treinamento, representando 66,67% do conjunto de dados da Classe#1, enquanto os sinais restantes, que são 32 sinais de ECG Normal

foram especializados para os objectivos de teste, representando 33,33% do conjunto de dados da Classe#1. O caso é o mesmo para a Classe#2, onde 256 sinais foram especializados para objectivos de treino, representando 66,67%

do conjunto de dados da Classe#2, enquanto os restantes sinais, que são 128 sinais de ECG anormais, foram especializados para objectivos de teste, representando 33,33% do conjunto de dados da Classe#2. Agora, tal como proposto, foram testadas 94 características, onde, no caso de o sistema ter sido utilizado apenas para a classificação Normal e Anormal, após a aplicação do Teste T, o número de características úteis (P-Value < 0,05) foi de 84 das 94 características. Depois disso, o sistema foi testado para a classificação de um determinado ECG em uma das cinco classes ou tipos, neste caso, 480 sinais de ECG foram divididos em Normal ou Classe #1 (NR), Casal Ventricular ou Classe #2 (VC), Taquicardia Ventricular (VT) da Classe #3, Bigeminia Ventricular ou Classe #4 (VB), e Fibrilação Ventricular ou Classe #5 (VF). Cada classe tem 96 sinais divididos em 64 sinais para fins de treino ou aprendizagem, enquanto outros, que são 32 sinais, foram especializados para fins de teste, em percentagem, 66,67% do conjunto de dados para cada classe foi para treino e 33,33% foi para testar o sistema. Aqui, no caso de o sistema ser utilizado para a classificação de um dado sinal numa das cinco classes, após a implementação do teste T, o número de características úteis (P-Value < 0,05) foi de 79 em 94, as Figuras 8 a 12 representam os resultados do teste T nos casos de classificação Normal/Anormal e de Cinco Classes. Como também já foi referido, a divisão do conjunto de dados da forma mencionada foi a ideia básica do sistema. No entanto, a classificação dos ECGs do conjunto de dados foi efectuada utilizando a aplicação Classification Learner criada em MATLAB. Aqui, para alcançar a melhor precisão, bem como outras avaliações de desempenho mencionadas mais tarde, através da aplicação Classification Learner, foram experimentados todos os classificadores, que foram 1.1 Classificador de árvore fina, 1.2 Classificador de árvore média, 1.3 Classificador de árvore grossa, 1.4 Classificador discriminante linear, 1.5 Classificador discriminante quadrático, 1.6 Classificador de regressão logística, 1.7 Classificador Gaussiano Naive Bayes, 1.8 Classificador Kernel Naive Bayes, 1.9 Classificador SVM Linear, 1.10 Classificador SVM Quadrático, 1.11 Classificador SVM Cúbico, 1.12 Classificador SVM Gaussiano Fino, 1.13 Classificador SVM Gaussiano Médio, 1.14 Classificador SVM Gaussiano Grosso, 1.15 Classificador KNN Fino (número de vizinhos é 1), 1.16 Classificador KNN Médio (número de vizinhos é 10), 1.17 Classificador KNN grosseiro (o número de vizinhos é 100), 1.18 Classificador KNN cosseno (o número de vizinhos é 10), 1.19 Classificador KNN cúbico (o número de vizinhos é 10), 1.20 Classificador KNN ponderado (o número de vizinhos é 1), 1.21 Classificador de árvores reforçadas, 1.22 Classificador de árvores ensacadas, 1.23 Classificador discriminante de subespaço, 1.23 Classificador KNN de subespaço, 1.24 Classificador KNN subespacial, 1.25 Classificador RUSBoosted Trees, 1.26 Classificador de rede neural estreita, 1.27 Classificador de rede neural média, 1.28 Classificador de rede neural larga, 1.29 Classificador de rede neural em duas camadas, 1.30 Classificador de rede neural em três camadas, 1.31 Classificador SVM Kernel e 1.32 Classificador de regressão logística Kernel. De facto, a divisão do conjunto de dados da forma mencionada foi ignorada após a aplicação da técnica Classification Learner App 5-fold Cross Validation, que foi utilizada aqui. De forma simples, a validação cruzada é uma técnica de reamostragem utilizada para dividir um determinado conjunto de dados em porções para testar e treinar um modelo em diferentes iterações, a fim de estimar a precisão do funcionamento do sistema na prática. Por outras palavras, a validação cruzada é utilizada para testar a capacidade do modelo para prever novos dados que não foram utilizados na sua estimativa, de modo a detetar problemas como sobreajuste ou enviesamento de seleção, e para dar uma ideia clara de como o modelo pode ser generalizado para ser utilizado noutro conjunto de dados independente ou em problemas da vida real. Além disso, a validação cruzada k-fold tem um princípio simples, em que a amostra original é dividida aleatoriamente em k subamostras de igual dimensão. Dessas k subamostras, uma única subamostra é guardada como dados de validação para testar o modelo. Depois, as restantes subamostras são utilizadas como dados de treino. Em seguida, o processo de validação cruzada mencionado é repetido k vezes, em que cada uma das k subamostras é utilizada exatamente uma vez como dados de validação. Na validação cruzada K-fold, as principais vantagens deste método são, em primeiro lugar, a repetição do conjunto de dados de forma aleatória no processo de subamostragem, e também, neste processo, todas as observações são utilizadas tanto para formação como para validação ou teste, e cada observação é utilizada para validação exatamente uma vez. As validações cruzadas habitualmente utilizadas são as validações cruzadas de 2, 5 e 10 vezes; de facto, k continua a ser um parâmetro não fixo (Cross-validation (statistics), 2022). No sistema proposto, após a implementação da técnica de validação cruzada de 5 vezes, 80% do conjunto de dados de cada classe (duas classes na classificação Normal e Anormal ou cinco classes na classificação de Cinco Classes) foram utilizados para fins de aprendizagem ou treino, enquanto os restantes 20% do conjunto de dados de cada classe foram utilizados para fins de teste, mais uma vez, de forma aleatória. Como mencionado, este processo é repetido pela aplicação MATLAB Classification Learner 5 vezes, também de forma aleatória. Todos os resultados da classificação serão apresentados mais tarde.

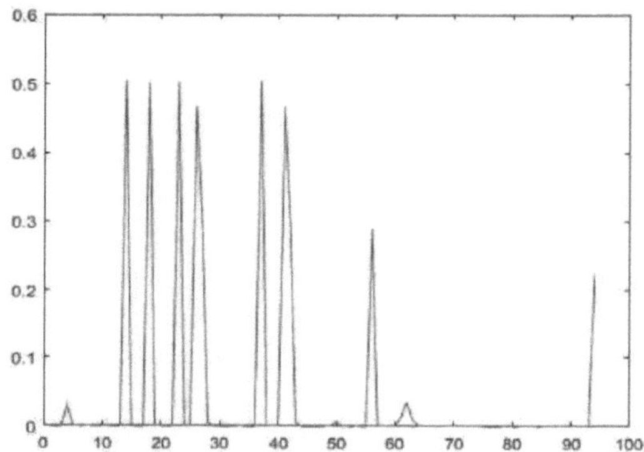

Figura (8): Resultados do teste apenas para a classificação normal e anormal (Teste T: Número de características úteis (Valor P < 0,05) = 84 em 94)
Fonte: A partir do MATLAB R2021b gerado pelo nosso código fonte

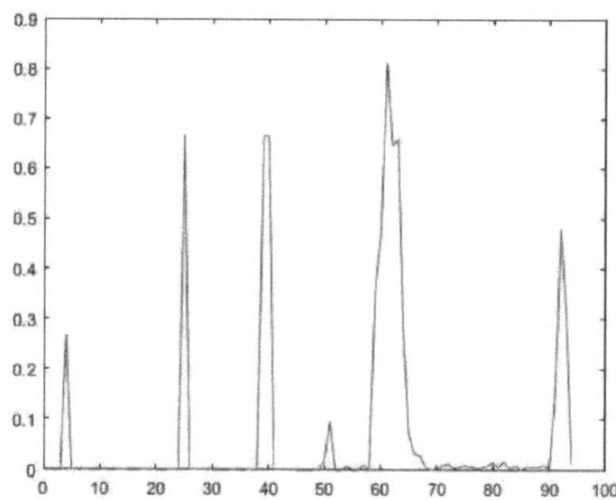

Figura (9): Teste T: Número de características úteis (P-Value < 0,05) = 79 em 94 (Normal Vs. Primeira classe anormal)

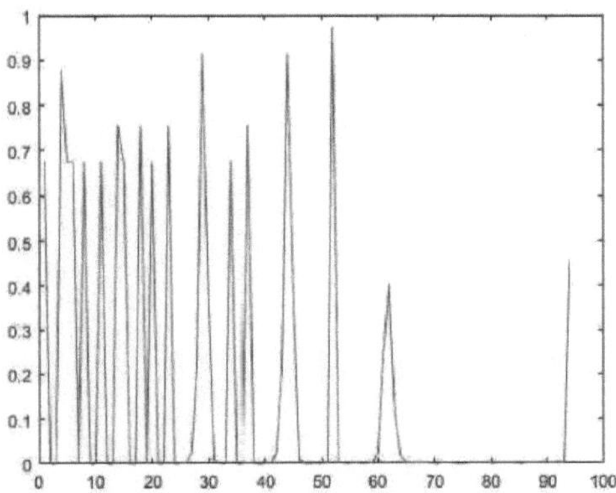

Figura (10): T-Testl: Número de características úteis (Valor-P < 0,05) = 79 em 94
(Normal Vs. Segunda classe anormal)

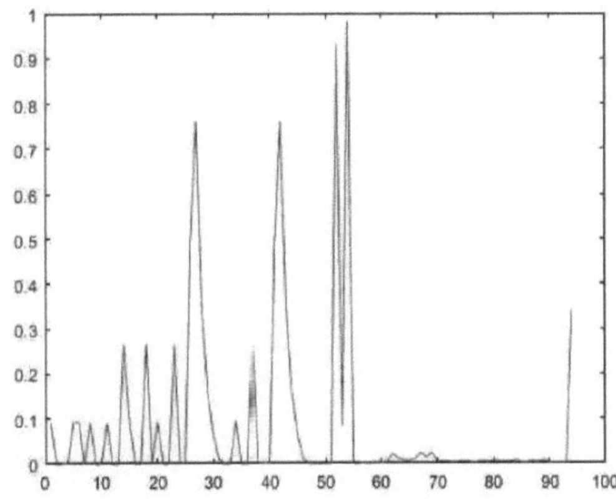

Figura (11): Teste T2: Número de características úteis (P-Value < 0,05) = 79 em 94
(Normal Vs. Terceira classe anormal)

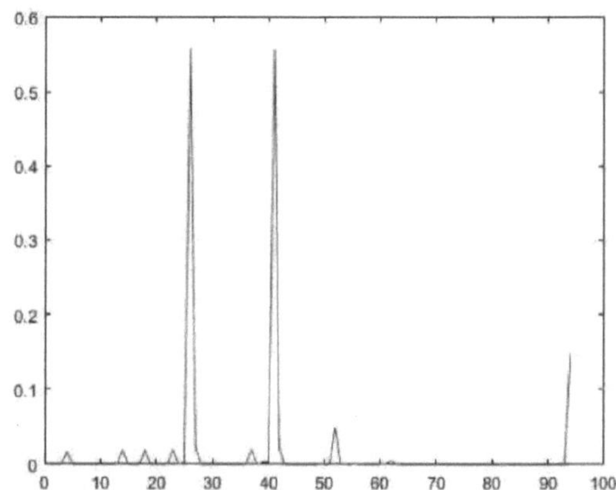

Figura (12): Teste T3: Número de características úteis (P-Value < 0,05) = 79 em 94 (Normal Vs.
Quarta classe anormal)
Fonte: A partir do MATLAB R2021b gerado pelo nosso código fonte

Avaliações de desempenho

No entanto, a medição do desempenho do sistema proposto é
efectuada utilizando avaliações de desempenho que incluem a sensibilidade,
a especificidade, o valor preditivo positivo (PPV), o valor preditivo negativo
(NPV), a precisão, a taxa de erro e a área sob a curva (AUC). De forma
pormenorizada, a sensibilidade é a capacidade de identificar a presença da
condição ou doença, enquanto a especificidade é a capacidade de medir e
identificar a ausência da doença ou condição. Além disso, o VPP pode definir
a probabilidade de ter a condição, enquanto o VPN define a probabilidade de
ausência da condição ou doença. Estas avaliações foram utilizadas para
avaliar os efeitos, os resultados ou o desempenho da classificação. Aqui, deve
ser mencionado que o principal parâmetro de avaliação do desempenho
utilizado para avaliar o desempenho de qualquer classificador é a exatidão,
uma vez que pode medir o quanto o classificador consegue classificar um
determinado sinal de ECG de forma exacta. Naturalmente, através do
MATLAB e da aplicação Classification Learner, foi calculada a precisão de
cada classificador experimentado mencionado na secção de classificação.
Além disso, para cada classificador utilizado, a curva ROC (Receiver
Operator Characteristic) foi traçada utilizando a aplicação Classification
Leaner no MATLAB para ver a área sob a curva (AUC) desse classificador.

Assim, todas as avaliações de desempenho, incluindo

A exatidão, a sensibilidade, a especificidade, o VPP, o VAL, a taxa de erro e a AUC serão apresentados e calculados para cada classificador. As equações (1) a (5) abaixo mostram como são calculados a Sensibilidade, a Especificidade, o Valor Preditivo Positivo (VPP), o Valor Preditivo Negativo (VAL) e a Taxa de Erro. Nas equações, TP representa a condição de Verdadeiro Positivo, TN a condição de Verdadeiro Negativo, FP a condição de Falso Positivo e FN a condição de Falso Negativo. Como mencionado, outras avaliações de desempenho, como a precisão, a AUC e a curva ROC, são efectuadas utilizando diretamente a aplicação MATLAB Classification Learner. Assim, as condições TP, TN, FP e FN podem ser obtidas a partir da matriz de confusão. De facto, para cada classificador experimentado, a aplicação Classification Leaner fornece a matriz de confusão desse classificador. As Tabelas (2) a (7) mostram as condições TP, TN, FP e FN para cada classe em ambos os casos de classificação, que são a classificação Normal e Anormal, e os casos de classificação de Cinco Classes. (Ragan, 2018) (Loukas, 2020).

$$Sensitivity = \frac{TP}{TP + FN} \quad (1)$$

$$Specificity = \frac{TN}{TN + FP} \quad (2)$$

$$Positive\ Predictive\ Value\ (PPV) = \frac{TP}{TP + FP} \quad (3)$$

$$Negative\ Predictive\ Value\ (NPV) = \frac{TN}{TN + FN} \quad (4)$$

$$Error\ Rate = 100 - Accuracy\ (\%) \quad (5)$$

Tabela (2): Matriz de confusão para a classificação normal e anormal

		Actual Values	
		Positive (1)	Negative (0)
Predicted Values	Positive (1)	TP	FP
	Negative (0)	FN	TN

Tabela (3): Matriz de confusão para a classificação Normal, VC, VT, VB e VF (a classe considerada é Normal, Classe#1)

TP	FN			
FP	TN	TN	TN	TN
	TN	TN	TN	TN
	TN	TN	TN	TN
	TN	TN	TN	TN

Tabela (4): Matriz de confusão para a classificação Normal, VC, VT, VB e VF (a classe considerada é VC, Classe#2)

TN	FP	TN	TN	TN
FN	TP	FN		
TN		TN	TN	TN
TN	FP	TN	TN	TN
TN		TN	TN	TN

Tabela (5): Matriz de confusão para a classificação Normal, VC, VT, VB e VF (a classe considerada é VT, Classe#3)

TN	TN	FP	TN	TN
TN	TN		TN	TN
FN		TP	FN	
TN	TN	FP	TN	TN
TN	TN		TN	TN

Tabela (6): Matriz de confusão para a classificação Normal, VC, VT, VB e VF (a classe considerada é VB, Classe#4)

TN	TN	TN		TN
TN	TN	TN	FP	TN
TN	TN	TN		TN
FN			TP	FN
TN	TN	TN	FP	TN

Tabela (7): Matriz de confusão para a classificação Normal, VC, VT, VB e VF (a classe considerada é VF, Classe#5)

TN	TN	TN	TN	
TN	TN	TN	TN	FP
TN	TN	TN	TN	
TN	TN	TN	TN	
FN				TP

Resultados e discussão

A utilização da aplicação Classification Learner tem dois benefícios principais: o primeiro é tentar possíveis classificadores, enquanto o segundo é obter a matriz de confusão, bem como a curva ROC para calcular facilmente todas as avaliações de desempenho possíveis para todos os classificadores experimentados, com base na aplicação da validação cruzada k-fold, no sistema proposto, validação cruzada 5-fold. Assim, no sistema proposto, 480 sinais de ECG foram classificados duas vezes, a primeira classificação foi feita para classificar o sinal dado em apenas Normal ou Anormal, enquanto o segundo processo de classificação foi feito de forma a classificar o sinal dado numa das cinco classes em que essas classes são Normal ou Classe #1 (NR), Casal Ventricular ou Classe #2 (VC), Taquicardia Ventricular (VT) da Classe #3, Bigeminia Ventricular ou Classe #4 (VB), e Fibrilação Ventricular ou Classe #5 (VF). Mais uma vez, cada classe tem 96 sinais divididos em grupos de treino e de teste, dependendo da validação cruzada de 5 vezes, em que, aleatoriamente, a aplicação Classification Learner utiliza 80% do conjunto de dados dado (96 sinais) para efeitos de treino, enquanto a percentagem restante é utilizada para efeitos de teste pela aplicação, sendo o processo repetido cinco vezes aleatoriamente. Assim, a classificação do conjunto de dados ECGs foi efectuada utilizando a aplicação Classification Learner criada em MATLAB. Aqui, foram experimentados todos os classificadores, incluindo 1.1 Classificador de árvore fina, 1.2 Classificador de árvore média, 1.3 Classificador de árvore grossa, 1.4 Classificador de discriminante linear, 1.5 Classificador de discriminante quadrático, 1.6 Classificador de regressão logística, 1.7 Classificador de Naive Bayes gaussiano, 1.8 Classificador de Naive Bayes de kernel, 1.9 Classificador de SVM linear, 1.10 Classificador SVM quadrático, 1.11 Classificador SVM cúbico, 1.12 Classificador SVM gaussiano fino, 1.13 Classificador SVM gaussiano médio, 1.14 Classificador SVM gaussiano grosseiro, 1.15 Classificador KNN fino (o número de vizinhos é 1), 1.16 Classificador KNN médio (o número de vizinhos é 10), 1.17 Classificador KNN grosseiro (o número de vizinhos é 100), 1.18 Classificador KNN de cosseno (o número de vizinhos é 10), 1.19 Classificador KNN cúbico (o número de vizinhos é 10), 1.20 Classificador KNN ponderado (o número de vizinhos é 1), 1.21 Classificador de árvores impulsionadas, 1.22 Classificador de árvores ensacadas, 1.23 Classificador discriminante de subespaço, 1.23 Classificador KNN de subespaço, 1.24 Classificador KNN de subespaço, 1.25 Classificador RUSBoosted Trees, 1.26 Classificador Narrow Neural Network, 1.27 Classificador Medium Neural Network, 1.28 Classificador Wide Neural Network, 1.29 Classificador Bilayered Neural Network, 1.30 Classificador Trilayered Neural Network, 1.31 Classificador SVM Kernel e 1.32 Classificador Logistic Regression Kernel. Todos estes classificadores foram utilizados pela aplicação para classificar um determinado conjunto de dados. Como também mencionado, depois de obter a Precisão de cada classificador, que é o parâmetro de avaliação de desempenho mais importante, todas as outras avaliações de desempenho foram calculadas a partir da matriz de confusão obtida para cada classificador, incluindo a sensibilidade, a especificidade, o VPP, o VAL e a Taxa de erro. Além disso, para a classificação Normal/Anormal, bem como para a classificação de Cinco Classes, em primeiro lugar, a classificação foi efectuada sem a aplicação da ACP e, em seguida, a classificação com a aplicação da ACP foi efectuada para alcançar a melhor precisão possível. Uma vez que a aplicação da ACP tem de utilizar uma percentagem de variância explicada especificada, tentou-se aplicar a ACP com três percentagens diferentes de variância explicada, a saber, 95%, 97% e 99%, o que foi feito em ambas as classificações, a normal/anormal e a de cinco classes. Em seguida, dependendo dos resultados da precisão geral, é decidida a melhor percentagem possível de variância explicada. Assim, começando com os resultados obtidos para a classificação de um dado sinal de ECG como sendo apenas Normal (Classe #1) ou Anormal (Classe#2), a Tabela (8) abaixo mostra os resultados obtidos apenas para a Classificação Normal/Anormal, sem aplicação de PCA, onde utilizando a aplicação Classification Learner, todas as características foram utilizadas (94/94 características). Aqui é evidente que o melhor classificador que pode classificar um dado ECG como sinal Normal ou Anormal, sem aplicação de PCA, é o modelo número 1.28, que é uma Rede Neural Ampla, com uma exatidão de 98,3%, uma sensibilidade de 95.83%, especificidade de 98,95%, VPP de 95,83%, VPN de 98,95% e taxa de erro de 1,70%. Além disso, as figuras 13 a 16 mostram a matriz de confusão, a matriz de confusão (VPP Vs. FDR), a matriz de confusão (TPR Vs. FNR) e a curva ROC para esse classificador. Além disso, a tabela (14) abaixo mostra os resultados finais para os dez melhores classificadores, mais uma vez, para a classificação Normal/Anormal, e sem a aplicação de PCA. Depois disso, foi efectuada a aplicação de PCA para a classificação Normal/Anormal. Como mencionado, no início, tentou-se obter a melhor percentagem de variância explicada, aqui, os melhores resultados de precisão foram tomados como parâmetro básico para alcançar a melhor percentagem de variância explicada. A tabela (9), abaixo, mostra os resultados com a aplicação da ACP (ACP no caso), para a classificação Normal/Anormal, em que os resultados de precisão foram obtidos para 95% como percentagem de variância explicada, e resultaram com 2 das 94 características aplicadas pela aplicação. Adicionalmente, as tabelas (9) e (10) mostram resultados de precisão que foram obtidos para 97% e 99% como percentagens de variância explicada, e resultaram com 3 e 4 das 94 características que foram aplicadas pela aplicação, respetivamente. De qualquer modo, os melhores resultados de precisão foram obtidos para 99% como percentagem de variância explicada e aplicados para classificação com PCA na condição. Assim, a tabela (10), abaixo, mostra os resultados obtidos com a aplicação da PCA (PCA on condition), com a variância explicada em percentagem de 99%, para a classificação Normal/Anormal, resultando em 4/94 características utilizadas pela APP. Agora, é evidente que o melhor classificador que pode classificar um determinado ECG como sinal Normal ou Anormal, com a aplicação de PCA (a variância explicada em percentagem é de 99%) é o modelo número 2.20, que é o KNN ponderado (o número de vizinhos é 1), com uma exatidão de 87.7%, Sensibilidade de 72,83%, Especificidade de 90,72%, VPP de 61,45%, VAL de 94,27% e Taxa de erro de 12,30%. Além disso, as fig. 18 a 21 mostram a matriz de confusão, a matriz de confusão (VPP Vs. FDR), a matriz de confusão (TPR Vs. FNR) e a curva ROC para esse classificador. Além disso, a tabela (15) abaixo mostra os resultados finais dos dez melhores classificadores, mais uma vez, para a classificação Normal/Anormal, e com a aplicação de PCA (a variância explicada em percentagem é de 99%). É evidente que, em geral, a aplicação da ACP não está a proporcionar um melhor desempenho ao sistema, mas sim resultados de precisão inferiores. Além disso, na utilização da aplicação Classification Learner, o modelo 2.5, que é o Discriminante Quadrático, funcionou bem após a aplicação da ACP, mas o mesmo modelo falhou sem a aplicação da ACP.

Passando para a parte de classificação seguinte do sistema proposto, que é especificada para classificar um dado sinal de ECG numa de cinco classes, que são Normal ou Classe #1 (NR), Casal Ventricular ou Classe #2 (VC), Taquicardia Ventricular (VT) da Classe #3, Bigeminia Ventricular ou

Classe #4 (VB), e Fibrilhação Ventricular ou Classe #5 (VF). Tal como na classificação Normal/Anormal, a classificação de um dado sinal de ECG para um dos cinco sinais é efectuada em primeiro lugar, sem aplicação de PCA, e os melhores resultados de classificação foram avaliados com base na precisão. No entanto, mesmo que a exatidão tenha sido obtida para todo o sistema, a sensibilidade, a especificidade, o VPP, o VPN e a taxa de erro foram calculados para cada classe, pelo que as tabelas de resultados foram divididas em subtabelas, que são cinco subtabelas, em que cada subtabela tem cálculos da classe especificada. Agora, a sub-tabela (11-1) apresenta os resultados da Classe#1 (NR), onde a classificação de cinco classes foi efectuada sem aplicação de PCA, e todas as características foram utilizadas pela aplicação (94/94 características). O mesmo é feito para a Classe #2 (VC), onde a sub-tabela (11-2) apresenta os resultados da classificação da Classe#2, sem aplicação de PCA, para a Classificação de Cinco Classes, onde todas as características foram utilizadas (94/94 características). Além disso, o caso é o mesmo para a Classe#3 (VT), Classe#4 (VB) e Classe#5 (VF), onde os seus resultados de classificação, para a classificação de Cinco Classes, sem aplicação de PCA, e com a utilização de todas as características (94/94 características), são apresentados nas sub-tabelas (11-3), (11-4) e (115). Assim, para a classificação de cinco classes, sem aplicação de PCA, os melhores resultados de classificação, com base na exatidão, foram obtidos a partir do modelo 1.28, que é o classificador neural largo, que teve uma exatidão de 89,0% e uma taxa de erro de 11,0%, enquanto tem uma sensibilidade de 92,70% para a classe 1 (NR), 85,41% para a classe 2 (VC), 84,37% para a classe 3 (VT), 90,62% para a classe 4 (VB) e 91,66% para a classe 5 (VF). Além disso, o classificador neural de 1,28 de largura registou uma especificidade de 97,91% para a Classe#1 (NR), 97,39% para a Classe #2 (VC), 94,01% para a Classe #3 (VT), 98,17% para a Classe #4 (VB) e 98,69% para a Classe #5 (VF). Além disso, para esse classificador, as percentagens de VPP foram de 91,75% para a Classe#1 (NR), 89,13% para a Classe #2 (VC), 77,88% para a Classe #3 (VT), 92,55% para a Classe #4 (VB) e 94,62 para a Classe #5 (VF). As percentagens de VAL, para esse classificador, foram de 98,17% para a Classe#1 (NR), 96,39% para a Classe #2 (VC), 96,01% para a Classe #3 (VT), 97,66% para a Classe #4 (VB) e 97,93% para a Classe #5 (VF). As Figuras 22 a 25 mostram a matriz de confusão, a matriz de confusão (PPV Vs. FDR), a matriz de confusão (TPR Vs. FNR) e a curva ROC para o classificador neural de 1,28 de largura usado para a classificação de cinco classes, sem aplicação de PCA. Além disso, a tabela (16) abaixo mostra os resultados dos dez melhores classificadores utilizados na classificação de cinco classes, mais uma vez, sem aplicação de PCA.

Passando à aplicação da PCA na classificação Multi-Classe, tal como na classificação Normal/Anormal, tentou-se obter a melhor percentagem de variância explicada, em primeiro lugar, onde os melhores resultados de precisão foram tomados como percentagem de variância explicada, a tabela (12), abaixo, mostra os resultados com a aplicação da PCA (PCA ligado), apenas para a classificação de cinco classes, onde os resultados de precisão foram obtidos para 95% e 97% como percentagens de variância explicada, e resultaram com 2 e 3 das 94 características que foram aplicadas pela aplicação. Adicionalmente, a tabela (13), incluindo todas as suas sub-tabelas de (13-1) a (13-5), mostra que os resultados de precisão foram obtidos para 99% como percentagens de variância explicada, e resultaram com 4 das 94 características que foram aplicadas pela aplicação. Obviamente, tal como na condição Normal/Anormal anterior, os melhores resultados de precisão foram obtidos para 99% como percentagem de variância explicada e foram aplicados para classificação com PCA na condição. Assim, a sub-tabela (13-1) a (13-5) abaixo mostra os resultados obtidos com a aplicação da PCA (PCA na condição), com a variância explicada em percentagem de 99%, para a Classificação de Cinco Classes, resultando em 4/94 características usadas pela APP, onde cada sub-tabela está a mostrar os resultados para a sua classe, assim, os resultados da Classe#1, com a aplicação da PCA estão na sub-tabela (13-1), enquanto os resultados da Classe#2 estão na sub-tabela (13-2), e assim por diante. De facto, o melhor classificador que conseguiu classificar um determinado sinal de ECG numa das cinco classes, com a aplicação de PCA (a variância explicada em percentagem é de 99%), foi o classificador SVM cúbico 2.11, que atingiu 69,2% de exatidão. Como mencionado, a tabela (13-1) apresenta os resultados da Classe#1 (NR), onde a classificação de cinco classes foi efectuada com a aplicação de PCA, e as características foram utilizadas pela aplicação (4/94 características). O mesmo é feito para a Classe #2 (VC), em que a tabela (13-2) apresenta os resultados da classificação da Classe#2, com aplicação de PCA, para a classificação de cinco classes, em que foram utilizadas (4/94) características. Além disso, o caso é o mesmo para a Classe#3 (VT), Classe#4 (VB) e Classe#5 (VF), onde os seus resultados de classificação, para a classificação de Cinco Classes, com a aplicação de PCA, e com a utilização de (4/94 características), são apresentados nas tabelas (13-3), (13-4) e (135). Assim, para a classificação de cinco classes, com aplicação de PCA, os melhores resultados de classificação, com base na exatidão, foram obtidos a partir do modelo 2.11, que é o classificador SVM cúbico, que teve uma exatidão de 69,2% e uma taxa de erro de 30,8%, enquanto tem uma sensibilidade de 60,41% para a classe 1 (NR), 91,66% para a classe 2 (VC), 48,95% para a classe 3 (VT), 93,75% para a classe 4 (VB) e 51,04% para a classe 5 (VF). Além disso, o classificador SVM cúbico 2.11 registou uma especificidade de 93,22% para a classe #1 (NR), 88,80% para a classe #2 (VC), 89,84% para a classe #3 (VT), 94,79% para a classe #4 (VB) e 94,79% para a classe #5 (VF). Além disso, para esse classificador, as percentagens de VPP foram de 69,04% para a Classe#1 (NR), 67,17% para a Classe #2 (VC), 54,65% para a Classe #3 (VT), 81,81% para a Classe #4 (VB) e 71,01 para a Classe #5 (VF). As percentagens de VAL, para esse classificador, foram de 90,40% para a Classe#1 (NR), 97,70% para a Classe #2 (VC), 87,56% para a Classe #3 (VT), 98,37% para a Classe #4 (VB) e 88,56% para a Classe #5 (VF). As Figuras 26 a 29 mostram a matriz de confusão, a matriz de confusão (PPV Vs. FDR), a matriz de confusão (TPR Vs. FNR) e a curva ROC para o SVM cúbico 2.11 utilizado para a classificação de cinco classes, com aplicação de PCA. Além disso, a tabela (17) abaixo mostra os resultados dos dez melhores classificadores utilizados na classificação de cinco classes, aqui, com a aplicação de PCA. De um modo geral, é óbvio que a aplicação de PCA não está a dar um melhor desempenho ao sistema, pelo contrário, dá resultados de precisão mais baixos, onde a diferença entre a melhor precisão obtida para a classificação de Cinco Classes, sem aplicação de PCA, e com a aplicação do mesmo atingiu quase 20%, uma vez que, sem aplicação de PCA, a melhor precisão obtida foi para o Classificador Neural Largo 1.28, que teve uma Precisão de 89,0%, enquanto a aplicação de PCA deu a melhor precisão de 69,2% obtida a partir do Classificador SVM Cúbico 2.11. Além disso, tal como no caso da classificação normal/anormal, o modelo 2.5, que é um discriminante quadrático, funcionou bem após a aplicação da ACP, mas o mesmo modelo falhou sem a aplicação da ACP na classificação de cinco classes. Finalmente, deve ser mencionado que estes resultados foram obtidos após cinco vezes de treino e teste de dados através da aplicação Classification Learner. Claro que obter os mesmos resultados, nos mesmos números, é uma coisa muito difícil de fazer, mas como a aplicação está a usar a técnica de validação cruzada de 5 vezes, cue se baseia na seleção aleatória de dados, como mencionado, os resultados obtidos estarão na mesma gama dos resultados aqui apresentados.

Tabela (8): Resultados sem aplicação de PCA, apenas para a classificação Normal/Anormal (todas as características são 94/94)

Model No.	Classifier Name	Accuracy (%)	Sensitivity (%)	Specificity (%)	PPV (%)	NPV (%)	Error Rate (%)
1.1	Fine Tree	92.3%	80.41237113	95.30026	81.25	95.05208	7.70%
1.2	Medium Tree	92.3%	80.41237113	95.30026	81.25	95.05208	7.70%
1.3	Coarse Tree	93.3%	82.65306122	96.0733	84.375	95.57292	6.70%
1.4	Linear Discriminant	96.7%	93.47826087	97.42268	89.58333	98.4375	3.30%
1.5	Quadratic Discriminant	FAILED					
1.6	Logistic Regression	98.1%	94.84536082	98.95561	95.83333	98.69792	1.90%
1.7	Gaussian Naive Bayes	66.0%	36.21399177	96.62447	91.66667	59.63542	34.00%
1.8	Kernel Naive Bayes	86.7%	60.95890411	97.90419	92.70833	85.15625	13.30%
1.9	Linear SVM	96.5%	91.57894737	97.66234	90.625	97.91667	3.50%
1.10	Quadratic SVM	96.9%	94.50549451	97.42931	89.58333	98.69792	3.10%
1.11	Cubic SVM	97.7%	94.73684211	98.44156	93.75	98.69792	2.30%
1.12	Fine Gaussian SVM	91.7%	98.27586207	90.75829	59.375	99.73958	8.30%
1.13	Medium Gaussian SVM	95.8%	94.18604651	96.19289	84.375	98.69792	4.20%
1.14	Coarse Gaussian SVM	80.2%	100	80.16701	1.041667	100	19.80%
1.15	Fine KNN	94.8%	89.88764045	95.90793	83.33333	97.65625	5.20%
1.16	Medium KNN	93.8%	90.24390244	94.47236	77.08333	97.91667	6.20%
1.17	Coarse KNN	80.0%	NA	80	0	100	20.00%
1.18	Cosine KNN	93.5%	76.19047619	95.73333	83.33333	93.48958	6.50%
1.19	Cubic KNN	92.9%	21.25	93.75	40.47619	85.61644	7.10%
1.20	Weighted KNN	94.8%	92.77108434	95.21411	80.20833	98.4375	5.20%
1.21	Boosted Trees	80.0%	NA	80	0	100	20.00%
1.22	Bagged Trees	94.4%	88.76404494	95.65217	82.29167	97.39583	5.60%

1.23	Subspace Discriminant	97.9%	94.79166667	98.69792	94.79167	98.69792	2.10%
1.24	Subspace KNN	86.7%	69.51219512	90.20101	59.375	93.48958	13.30%
1.25	RUSBoosted Trees	95.0%	85.29411765	97.61905	90.625	96.09375	5.00%
1.26	Narrow Neural Network	97.3%	91.919192	98.68766	94.79167	97.91667	2.70%
1.27	Medium Neural Network	97.5%	93.75	98.4375	93.75	98.4375	2.50%
1.28	Wide Neural Network	98.3%	95.83333333	98.95833	95.83333	98.95833	1.70%
1.29	Bilayered Neural Network	96.0%	89.69072165	97.65013	90.625	97.39583	4.00%
1.30	Trilayered Neural Network	95.8%	89.58333333	97.39583	89.58333	97.39583	4.20%
1.31	SVM Kernel	87.3%	80.70175439	88.17967	47.91667	97.13542	12.70%
1.32	Logistic Regression Kernel	86.2%	85.71428571	86.30137	37.5	98.4375	13.80%

Tabela (9): Resultados com a aplicação de PCA (PCA on), apenas para a classificação Normal/Anormal

Model No.	Classifier Name	Accuracy (all are 2/94 features) – Explained Variance in percent is 95%)	Accuracy ((all are 3/94 features) – Explained Variance in percent is 97%)
2.1	Fine Tree	83.5%	82.7%
2.2	Medium Tree	83.1%	82.9%
2.3	Coarse Tree	84.8%	84.8%
2.4	Linear Discriminant	80.0%	81.2%
2.5	Quadratic Discriminant	80.8%	80.8%
2.6	Logistic Regression	80.2%	81.2%
2.7	Gaussian Naïve Bayes	80.4%	81.2%
2.8	Kernel Naïve Bayes	83.3%	83.3%
2.9	Linear SVM	80.0%	80.0%
2.10	Quadratic SVM	79.2%	81.9%

2.11	Cubic SVM	74.8%	86.2%
2.12	Fine Gaussian SVM	81.0%	83.3%
2.13	Medium Gaussian SVM	80.0%	80.0%
2.14	Coarse Gaussian SVM	80.0%	80.0%
2.15	Fine KNN	79.8%	83.5%
2.16	Medium KNN	82.9%	84.8%
2.17	Coarse KNN	80.0%	80.0%
2.18	Cosine KNN	75.8%	83.1%
2.19	Cubic KNN	82.5%	84.8%
2.20	Weighted KNN	80.4%	86.2%
2.21	Boosted Trees	85.0%	86.9%
2.22	Bagged Trees	86.2%	86.2%
2.23	Subspace Discriminant	79.8%	80.4%
2.24	Subspace KNN	70.8%	85.8%
2.25	RUSBoosted Trees	78.3%	79.0%
2.26	Narrow Neural Network	81.9%	83.3%
2.27	Medium Neural Network	81.5%	80.4%
2.28	Wide Neural Network	80.2%	81.0%
2.29	Bilayered Neural Network	81.7%	81.7%
2.30	Trilayered Neural Network	80.6%	79.8%
2.31	SVM Kernel	80.0%	84.6%
2.32	Logistic Regression Kernel	79.8%	84.8%

Tabela (10): Resultados com a aplicação de PCA (PCA ligado), apenas para a classificação Normal/Anormal (todas as características são 4/94) - A variância explicada em percentagem é de 99%, melhores resultados com PCA

Model No.	Classifier Name	Accuracy (%)	Sensitivity (%)	Specificity (%)	PPV (%)	NPV (%)	Error Rate (%)
2.1	Fine Tree	84%	60	89.87013	59.375	90.10417	16.00%
2.2	Medium Tree	83.1%	57.89473684	89.35065	57.29167	89.58333	16.90%
2.3	Coarse Tree	86.0%	70.42253521	88.75306	52.08333	94.53125	14.00%
2.4	Linear Discriminant	84.0%	77.14285714	84.49438	28.125	97.91667	16.00%

2.5	Quadratic Discriminant	83.3%	56	85.34884	34.375	95.57292	16.70%
2.6	Logistic Regression	84.0%	74.35897436	84.80726	30.20833	97.39583	16.00%
2.7	Gaussian Naive Bayes	81.0%	55.10204082	83.99072	28.125	94.27083	19.00%
2.8	Kernel Naive Bayes	82.5%	57.89473684	87.12871	45.83333	91.66667	17.50%
2.9	Linear SVM	82.7%	74.07407407	83.22296	20.83333	98.17708	17.30%
2.10	Quadratic SVM	84.8%	75.55555556	85.74713	35.41667	97.13542	15.20%
2.11	Cubic SVM	85.6%	70.14925373	88.13559	48.95833	94.79167	14.40%
2.12	Fine Gaussian SVM	85.0%	78.57142857	85.61644	34.375	97.65625	15.00%
2.13	Medium Gaussian SVM	82.9%	93.75	82.5431	15.625	99.73958	17.10%
2.14	Coarse Gaussian SVM	80.0%	NA	80	0	100	20.00%
2.15	Fine KNN	86.5%	65.34553465	92.08443	68.75	90.88542	13.50%
2.16	Medium KNN	86.0%	73.7704918	87.82816	46.875	95.83333	14.00%
2.17	Coarse KNN	80.4%	100	80.33473	2.083333	100	19.60%
2.18	Cosine KNN	84.4%	65.67164179	87.4092	45.83333	94.01042	15.60%
2.19	Cubic KNN	85.4%	70.3125	87.74038	46.875	95.05208	14.60%
2.20	Weighted KNN	87.7%	72.83950617	90.72682	61.45833	94.27083	12.30%
2.21	Boosted Trees	86.5%	69.13580247	89.97494	58.33333	93.48958	13.50%
2.22	Bagged Trees	86.5%	70.12987013	89.57816	56.25	94.01042	13.50%
2.23	Subspace Discriminant	82.3%	70.37037037	83.00221	19.79167	97.91667	17.70%
2.24	Subspace KNN	84.6%	62.5	89.54082	57.29167	91.40625	15.40%
2.25	RUSBoosted Trees	84.0%	57.6	93.23944	75	86.19792	16.00%
2.26	Narrow Neural Network	86.7%	69.51219512	90.20101	59.375	93.48958	13.30%
2.27	Medium Neural Network	84.4%	59.63302752	91.6442	67.70833	88.54167	15.60%
2.28	Wide Neural Network	84.0%	58.87850467	91.15282	65.625	88.54167	16.00%

2.29	Bilayered Neural Network	85.2%	63.15789474	90.64935	62.5	90.88542	14.80%
2.30	Trilayered Neural Network	86.7%	67.39130435	91.23711	64.58333	92.1875	13.30%
2.31	SVM Kernel	84.4%	69.09090909	86.35294	39.58333	95.57292	15.60%
2.32	Logistic Regression Kernel	84.2%	88.46153846	83.9207	23.95833	99.21875	15.80%

Tabela (11-1): Resultados sem aplicação de PCA, para classificação de cinco classes (todas as características são 94/94) - CLASSE #1: Normal

Model No.	Classifier Name	Accuracy (%)	Sensitivity (%)	Specificity (%)	PPV (%)	NPV (%)	Error Rate (%)
1.1	Fine Tree	77.7%	85.41666667	95.83333	83.67347	96.33508	22.30%
1.2	Medium Tree	78.5%	85.41666667	96.09375	84.53608	96.34465	21.50%
1.3	Coarse Tree	64.6%	65.625	93.22917	70.78652	91.5601	35.40%%
1.4	Linear Discriminant	87.3%	91.66666667	99.47917	97.77778	97.94872	12.70%
1.5	Quadratic Discriminant	FAILED					
1.6	Logistic Regression Kernel	64.6%	69.79166667	90.36458	64.42308	92.28723	35.40%
1.7	Gaussian Naive Bayes	60.8%	83.33333333	91.40625	70.79646	95.64033	39.20%
1.8	Kernel Naive Bayes	69.4%	84.375	94.53125	79.41176	96.03175	30.60%
1.9	Linear SVM	87.3%	89.58333333	97.65625	90.52632	97.4026	12.70%
1.10	Quadratic SVM	87.5%	90.625	98.95833	95.6044	97.68638	12.50%
1.11	Cubic SVM	86.0%	93.75	98.4375	93.75	98.4375	14.00%
1.12	Fine Gaussian SVM	63.7%	67.70833333	99.21875	95.58824	92.47573	36.30%
1.13	Medium Gaussian SVM	84.8%	92.70833333	97.39583	89.89899	98.16273	15.20%
1.14	Coarse Gaussian SVM	59.6%	81.25	97.13542	87.64045	95.39642	40.40%
1.15	Fine KNN	78.3%	90.625	97.91667	91.57895	97.66234	21.70%

1.16	Medium KNN	73.5%	84.375	97.13542	88.04348	96.13402	26.50%
1.17	Coarse KNN	56.2%	77.08333333	93.22917	74	94.21053	43.80%
1.18	Cosine KNN	74.2%	90.625	91.92708	73.72881	97.51381	25.80%
1.19	Cubic KNN	73.1%	79.16666667	97.65625	89.41176	94.93671	26.90%
1.20	Weighted KNN	77.5%	89.58333333	97.39583	89.58333	97.39583	22.50%
1.21	Boosted Trees	82.9%	88.54166667	97.91667	91.39785	97.15762	17.10%
1.22	Bagged Trees	82.9%	92.70833333	95.05208	82.40741	98.11828	17.10%
1.23	Subspace Discriminant	86.5%	95.83333333	97.39583	90.19608	98.9418	13.50%
1.24	Subspace KNN	63.7%	71.875	91.14583	66.99029	92.8382	36.30%
1.25	RUSBoosted Trees	80.4%	89.58333333	96.09375	85.14851	97.36148	19.60%
1.26	Narrow Neural Network	85.6%	95.83333333	97.91667	92	98.94737	14.40%
1.27	Medium Neural Network	87.3%	96.875	96.61458	87.73585	99.19786	12.70%
1.28	Wide Neural Network	89.0%	92.70833333	97.91667	91.75258	98.17232	11.00%
1.29	Bilayered Neural Network	85.0%	93.75	97.91667	91.83673	98.42932	15.00%
1.30	Trilayered Neural Network	82.5%	92.70833333	98.17708	92.70833	98.17708	17.50%
1.31	SVM Kernel	66.7%	71.875	91.66667	68.31683	92.87599	33.30%
1.32	Logistic Regression Kernel	65.4%	69.79166667	90.625	65.04854	92.30769	34.60%

Tabela (11-2): Resultados sem aplicação de PCA, para classificação de cinco classes (todas as características são 94/94) - CLASSE #2: VCouplet

Model No.	Classifier Name	Accuracy (%)	Sensitivity (%)	Specificity (%)	PPV (%)	NPV (%)	Error Rate (%)
1.1	Fine Tree	77.7%	81.25	95.3125	81.25	95.3125	22.30%
1.2	Medium Tree	78.5%	84.375	94.53125	79.41176	96.03175	21.50%
1.3	Coarse Tree	64.6%	90.625	83.07292	57.23684	97.2561	35.40%

1.4	Linear Discriminant	87.3%	92.70833333	94.01042	79.46429	98.09783	12.70%
1.5	Quadratic Discriminant	FAILED					
1.6	Logistic Regression Kernel	64.6%	73.95833333	90.625	66.35514	93.29759	35.40%
1.7	Gaussian Naive Bayes	60.8%	85.41666667	77.60417	48.80952	95.51282	39.20%
1.8	Kernel Naive Bayes	69.4%	76.04166667	89.0625	63.47826	93.69863	30.60%
1.9	Linear SVM	87.3%	79.46428571	98.09783	92.70833	94.01042	12.70%
1.10	Quadratic SVM	87.5%	88.54166667	95.3125	82.52427	97.08223	12.50%
1.11	Cubic SVM	86.0%	89.58333333	96.35417	86	97.36842	14.00%
1.12	Fine Gaussian SVM	63.7%	56.25	98.95833	93.10345	90.04739	36.30%
1.13	Medium Gaussian SVM	84.8%	89.58333333	95.57292	83.49515	97.34748	15.20%
1.14	Coarse Gaussian SVM	59.6%	92.70833333	67.1875	41.39535	97.35849	40.40%
1.15	Fine KNN	78.3%	83.33333333	92.70833	74.07407	95.69892	21.70%
1.16	Medium KNN	73.5%	87.5	88.02083	64.61538	96.57143	26.50%
1.17	Coarse KNN	56.2%	86.45833333	68.75	40.8867	95.30686	43.80%
1.18	Cosine KNN	74.2%	79.16666667	94.53125	78.35052	94.77807	25.80%
1.19	Cubic KNN	73.1%	86.45833333	87.76042	63.84615	96.28571	26.90%
1.20	Weighted KNN	77.5%	90.625	91.14583	71.90083	97.49304	22.50%
1.21	Boosted Trees	82.9%	88.54166667	93.75	77.98165	97.03504	17.10%
1.22	Bagged Trees	82.9%	84.375	94.53125	79.41176	96.03175	17.10%
1.23	Subspace Discriminant	86.5%	93.75	95.05208	82.56881	98.38275	13.50%
1.24	Subspace KNN	63.7%	66.66666667	88.54167	59.25926	91.39785	36.30%
1.25	RUSBoosted Trees	80.4%	88.54166667	94.27083	79.43925	97.05094	19.60%
1.26	Narrow Neural Network	85.6%	83.33333333	96.35417	85.10638	95.85492	14.40%

	Medium Neural Network	87.3%	81.25	96.875	86.66667	95.38462	12.70%
1.27							
1.28	Wide Neural Network	89.0%	85.41666667	97.39583	89.13043	96.39175	11.00%
1.29	Bilayered Neural Network	85.0%	87.5	96.09375	84.84848	96.85039	15.00%
1.30	Trilayered Neural Network	82.5%	79.16666667	95.83333	82.6087	94.84536	17.50%
1.31	SVM Kernel	66.7%	80.20833333	89.84375	66.37931	94.78022	33.30%
1.32	Logistic Regression Kernel	65.4%	75	91.40625	68.57143	93.6	34.60%

Tabela (11-3): Resultados sem aplicação de PCA, para a classificação em cinco classes (todas as características são 94/94) - CLASSE #3: VTachy

Model No.	Classifier Name	Accuracy (%)	Sensitivity (%)	Specificity (%)	PPV (%)	NPV (%)	Error Rate (%)
1.1	Fine Tree	77.7%	60.41666667	90.88542	62.36559	90.18088	22.30%
1.2	Medium Tree	78.5%	59.375	92.44792	66.27907	90.10152	21.50%
1.3	Coarse Tree	64.6%	0	100	NA	80	35.40%
1.4	Linear Discriminant	87.3%	70.83333333	95.05208	78.16092	92.87532	12.70%
1.5	Quadratic Discriminant	FAILED					
1.6	Logistic Regression Kernel	64.6%	50	90.10417	55.81395	87.81726	35.40%
1.7	Gaussian Naive Bayes	60.8%	44.79166667	91.40625	56.57895	86.88119	39.20%
1.8	Kernel Naive Bayes	69.4%	55.20833333	88.80208	55.20833	88.80208	30.60%
1.9	Linear SVM	87.3%	69.79166667	97.39583	87.01299	92.80397	12.70%
1.10	Quadratic SVM	87.5%	75	94.79167	78.26087	93.81443	12.50%
1.11	Cubic SVM	86.0%	77.08333333	92.1875	71.15385	94.14894	14.00%
1.12	Fine Gaussian SVM	63.7%	60.60606061	92.99517	57.97101	93.67397	36.30%

1.13	Medium Gaussian SVM	84.8%	72.91666667	93.48958	73.68421	93.24675	15.20%
1.14	Coarse Gaussian SVM	59.6%	53.125	90.625	58.62069	88.54962	40.40%
1.15	Fine KNN	78.3%	50	92.96875	64	88.14815	21.70%
1.16	Medium KNN	73.5%	54.16666667	92.44792	64.19753	88.97243	26.50%
1.17	Coarse KNN	56.2%	43.75	89.32292	50.60241	86.39798	43.80%
1.18	Cosine KNN	74.2%	51.04166667	93.22917	65.33333	88.39506	25.80%
1.19	Cubic KNN	73.1%	54.16666667	91.92708	62.6506	88.91688	26.90%
1.20	Weighted KNN	77.5%	55.20833333	93.48958	67.94872	89.30348	22.50%
1.21	Boosted Trees	82.9%	66.66666667	95.05208	77.10843	91.93955	17.10%
1.22	Bagged Trees	82.9%	71.875	95.3125	79.31034	93.12977	17.10%
1.23	Subspace Discriminant	86.5%	68.75	95.3125	78.57143	92.42424	13.50%
1.24	Subspace KNN	63.7%	52.08333333	88.28125	52.63158	88.05195	36.30%
1.25	RUSBoosted Trees	80.4%	59.375	94.53125	73.07692	90.29851	19.60%
1.26	Narrow Neural Network	85.6%	69.79166667	93.22917	72.04301	92.50646	14.40%
1.27	Medium Neural Network	87.3%	81.25	92.96875	74.28571	95.2	12.70%
1.28	Wide Neural Network	89.0%	84.375	94.01042	77.88462	96.01064	11.00%
1.29	Bilayered Neural Network	85.0%	67.70833333	92.96875	70.65217	92.01031	15.00%
1.30	Trilayered Neural Network	82.5%	68.75	90.625	64.70588	92.06349	17.50%
1.31	SVM Kernel	66.7%	51.04166667	90.625	57.64706	88.10127	33.30%
1.32	Logistic Regression Kernel	65.4%	47.91666667	90.625	56.09756	87.43719	34.60%

Tabela (11-4): Resultados sem aplicação de PCA, para a classificação de cinco classes (todas as características são 94/94) - CLASSE #4: VBigeminy

Model No.	Classifier Name	Accuracy (%)	Sensitivity (%)	Specificity (%)	PPV (%)	NPV (%)	Error Rate (%)
1.1	Fine Tree	77.7%	82.25166667	92.96875	74.5283	95.45455	22.30%
1.2	Medium Tree	78.5%	85.41666667	92.70833	74.54545	96.21622	21.50%
1.3	Coarse Tree	64.6%	87.5	80.72917	53.16456	96.27329	35.40%
1.4	Linear Discriminant	87.3%	90.625	95.83333	84.46602	97.61273	12.70%
1.5	Quadratic Discriminant	FAILED					
1.6	Logistic Regression Kernel	64.6%	77.08333333	93.48958	74.74747	94.22572	35.40%
1.7	Gaussian Naive Bayes	60.8%	23.95833333	95.3125	56.09756	83.3713	39.20%
1.8	Kernel Naive Bayes	69.4%	53.125	93.22917	66.23377	88.83375	30.60%
1.9	Linear SVM	87.3%	91.66666667	96.61458	87.12871	97.88918	12.70%
1.10	Quadratic SVM	87.5%	89.58333333	95.57292	83.49515	97.34748	12.50%
1.11	Cubic SVM	86.0%	82.29166667	95.57292	82.29167	95.57292	14.00%
1.12	Fine Gaussian SVM	63.7%	54.16666667	96.875	81.25	89.42308	36.30%
1.13	Medium Gaussian SVM	84.8%	76.04166667	96.61458	84.88372	94.16244	15.20%
1.14	Coarse Gaussian SVM	59.6%	12.5	96.61458	48	81.53846	40.40%
1.15	Fine KNN	78.3%	83.33333333	89.84375	67.22689	95.56787	21.70%
1.16	Medium KNN	73.5%	68.75	91.14583	66	92.10526	26.50%
1.17	Coarse KNN	56.2%	15.625	97.13542	57.69231	82.15859	43.80%
1.18	Cosine KNN	74.2%	61.45833333	93.75	71.08434	90.6801	25.80%
1.19	Cubic KNN	73.1%	75	90.88542	67.28972	93.56568	26.90%
1.20	Weighted KNN	77.5%	72.91566667	91.14583	67.30769	93.08511	22.50%
1.21	Boosted Trees	82.9%	90.625	93.22917	76.99115	97.54768	17.10%
1.22	Bagged Trees	82.9%	76.04166667	95.57292	81.11111	94.10256	17.10%

1.23	Subspace Discriminant	86.5%	86.45833333	96.09375	84.69388	96.59686	13.50%
1.24	Subspace KNN	63.7%	86.45833333	94.53125	79.80769	96.54255	36.30%
1.25	RUSBoosted Trees	80.4%	85.41666667	92.70833	74.54545	96.21622	19.60%
1.26	Narrow Neural Network	85.6%	89.58333333	95.83333	84.31373	97.3545	14.40%
1.27	Medium Neural Network	87.3%	84.375	98.4375	93.10345	96.18321	12.70%
1.28	Wide Neural Network	89.0%	90.625	98.17708	92.55319	97.66839	11.00%
1.29	Bilayered Neural Network	85.0%	84.375	97.13542	88.04348	96.13402	15.00%
1.30	Trilayered Neural Network	82.5%	80.20833333	95.57292	81.91489	95.07772	17.50%
1.31	SVM Kernel	66.7%	82.29166667	95.83333	83.15789	95.58442	33.30%
1.32	Logistic Regression Kernel	65.4%	78.125	93.22917	74.25743	94.4591	34.60%

Tabela (11-5): Resultados sem aplicação de PCA, para Classificação de Cinco Classes (todas as características são 94/94) - CLASSE #5: VFibrilação

Model No.	Classifier Name	Accuracy (%)	Sensitivity (%)	Specificity (%)	PPV (%)	NPV (%)	Error Rate (%)
1.1	Fine Tree	77.7%	79.16666667	97.13542	87.35632	94.91094	22.30%
1.2	Medium Tree	78.5%	78.125	97.39583	88.23529	94.68354	21.50%
1.3	Coarse Tree	64.6%	79.16666667	98.69792	93.82716	94.98747	35.40%
1.4	Linear Discriminant	87.3%	90.625	99.73958	98.86364	97.70408	12.70%
1.5	Quadratic Discriminant	FAILED					
1.6	Logistic Regression Kernel	64.6%	52.63157895	91.16883	59.52381	88.63636	35.40%
1.7	Gaussian Naive Bayes	60.8%	66.66666667	95.3125	78.04878	91.9598	39.20%
1.8	Kernel Naive Bayes	69.4%	78.125	96.09375	83.33333	94.61538	30.60%

1.9	Linear SVM	87.3%	92.70833333	99.73958	98.88889	98.20513	12.70%
1.10	Quadratic SVM	87.5%	93.75	99.47917	97.82609	98.45361	12.50%
1.11	Cubic SVM	86.0%	87.5	100	100	96.9697	14.00%
1.12	Fine Gaussian SVM	63.7%	98.95833333	67.1875	42.98643	99.6139	36.30%
1.13	Medium Gaussian SVM	84.8%	92.70833333	98.17708	92.70833	98.17708	15.20%
1.14	Coarse Gaussian SVM	59.6%	58.33333333	97.91667	87.5	90.38462	40.40%
1.15	Fine KNN	78.3%	84.375	99.47917	97.59036	96.22166	21.70%
1.16	Medium KNN	73.5%	72.91666667	98.17708	90.90909	93.54839	26.50%
1.17	Coarse KNN	56.2%	58.33333333	96.875	82.35294	90.29126	43.80%
1.18	Cosine KNN	74.2%	88.54166667	94.27083	79.43925	97.05094	25.80%
1.19	Cubic KNN	73.1%	70.83333333	98.17708	90.66667	93.08642	26.90%
1.20	Weighted KNN	77.5%	79.16666667	98.69792	93.82716	94.98747	22.50%
1.21	Boosted Trees	82.9%	80.20833333	98.69792	93.90244	95.22613	17.10%
1.22	Bagged Trees	82.9%	89.58333333	98.17708	92.47312	97.41602	17.10%
1.23	Subspace Discriminant	86.5%	87.5	99.21875	96.55172	96.94656	13.50%
1.24	Subspace KNN	63.7%	41.66666667	92.1875	57.14286	86.34146	36.30%
1.25	RUSBoosted Trees	80.4%	79.16666667	97.91667	90.47619	94.94949	19.60%
1.26	Narrow Neural Network	85.6%	89.58333333	98.69792	94.50549	97.42931	14.40%
1.27	Medium Neural Network	87.3%	92.70833333	99.21875	96.73913	98.19588	12.70%
1.28	Wide Neural Network	89.0%	91.66666667	98.69792	94.62366	97.93282	11.00%
1.29	Bilayered Neural Network	85.0%	91.66666667	97.13542	88.88889	97.90026	15.00%
1.30	Trilayered Neural Network	82.5%	91.66666667	97.91667	91.66667	97.91667	17.50%
1.31	SVM Kernel	66.7%	73.01587302	91.1271	55.42169	95.71788	33.30%
1.32	Logistic Regression Kernel	65.4%	56.25	90.88542	60.67416	89.25831	34.60%

Model No.	Classifier Name	Accuracy (all are 2/94 features) – Explained Variance in percent is 95%)	Accuracy (all are 3/94 features) – Explained Variance in percent is 97%)
2.1	Fine Tree	47.7%	54.0%
2.2	Medium Tree	51.7%	56.2%
2.3	Coarse Tree	48.8%	53.8%
2.4	Linear Discriminant	40.2%	59.6%
2.5	Quadratic Discriminant	51.0%	61.5%
2.6	Logistic Regression Kernel	22.1%	56.7%
2.7	Gaussian Naive Bayes	50.8%	61.5%
2.8	Kernel Naive Bayes	53.8%	57.9%
2.9	Linear SVM	46.7%	64.4%
2.10	Quadratic SVM	50.6%	65.2%
2.11	Cubic SVM	47.5%	65.2%
2.12	Fine Gaussian SVM	51.0%	63.7%
2.13	Medium Gaussian SVM	47.9%	55.2%
2.14	Coarse Gaussian SVM	39.2%	43.3%
2.15	Fine KNN	47.1%	63.3%
2.16	Medium KNN	53.1%	60.8%
2.17	Coarse KNN	47.1%	49.8%
2.18	Cosine KNN	46.7%	60.0%
2.19	Cubic KNN	52.1%	60.4%
2.20	Weighted KNN	50.0%	63.5%
2.21	Boosted Trees	53.1%	61.9%
2.22	Bagged Trees	48.3%	62.9%

2.23	Subspace Discriminant	40.4%	52.9%
2.24	Subspace KNN	32.3%	50.6%
2.25	RUSBoosted Trees	52.1%	56.9%
2.26	Narrow Neural Network	52.1%	63.7%
2.27	Medium Neural Network	52.5%	61.9%
2.28	Wide Neural Network	46.7%	61.0%
2.29	Bilayered Neural Network	49.2%	61.3%
2.30	Trilayered Neural Network	51.5%	66.7%
2.31	SVM Kernel	21.2%	59.2%
2.32	Logistic Regression Kernel	21.7%	57.9%

Tabela (13-1): Resultados com a aplicação de PCA (PCA ligado), para Classificação de Cinco Classes (todas são 4/94 características) - A Variância Explicada em percentagem é de 99%, melhores resultados com PCA - CLASSE #1: Normal

Model No.	Classifier Name	Accuracy (%)	Sensitivity (%)	Specificity (%)	PPV (%)	NPV (%)	Error Rate (%)
2.1	Fine Tree	57.7%	51.04166667	88.54167	52.68817	87.8553	42.30%
2.2	Medium Tree	58.1%	46.875	90.36458	54.87805	87.18593	41.90%
2.3	Coarse Tree	52.9%	38.54166667	89.32292	47.4359	85.32338	47.10%
2.4	Linear Discriminant	58.3%	34.375	96.35417	70.21277	85.45035	41.70%
2.5	Quadratic Discriminant	65.4%	45.83333333	96.09375	74.57627	87.64846	34.60%
2.6	Logistic Regression Kernel	59.0%	33.33333333	86.13861	58.41584	68.86544	41.00%
2.7	Gaussian Naive Bayes	54.2%	44.79166667	93.75	64.1791	87.16707	45.80%
2.8	Kernel Naive Bayes	61.3%	54.16666667	91.66667	61.90476	88.88889	38.70%
2.9	Linear SVM	58.8%	83.67346939	93.50348	59.42029	98.05353	41.20%
2.10	Quadratic SVM	66.2%	54.16666667	92.70833	65	89	33.80%

2.11	Cubic SVM	69.2%	60.41666667	93.22917	69.04762	90.40404	30.80%
2.12	Fine Gaussian SVM	63.7%	55.20833333	92.44792	64.63415	89.19598	36.30%
2.13	Medium Gaussian SVM	56.2%	28.125	98.69792	84.375	84.59821	43.80%
2.14	Coarse Gaussian SVM	40.6%	9.375	99.47917	81.81818	81.44989	59.40%
2.15	Fine KNN	64.8	66.66666667	91.66667	66.66667	91.66667	35.20%
2.16	Medium KNN	63.1	58.33333333	91.66667	63.63636	89.79592	36.90%
2.17	Coarse KNN	50.4	18.75	99.47917	90	83.04348	49.60%
2.18	Cosine KNN	60.0	60.41666667	92.44792	66.66667	90.33079	40.00%
2.19	Cubic KNN	61.9	56.25	90.88542	60.67416	89.25831	38.10%
2.20	Weighted KNN	64.4	65.625	92.44792	68.47826	91.49485	35.60%
2.21	Boosted Trees	63.5	53.125	91.92708	62.19512	88.69347	36.50%
2.22	Bagged Trees	64.8	61.45833333	91.66667	64.83516	90.48843	35.20%
2.23	Subspace Discriminant	57.1	33.33333333	95.57292	65.30612	85.15081	42.90%
2.24	Subspace KNN	55.6	57.29166667	89.32292	57.29167	89.32292	44.40%
2.25	RUSBoosted Trees	59.4	46.875	90.88542	56.25	87.25	40.60%
2.26	Narrow Neural Network	66.7	64.58333333	93.22917	70.45455	91.32653	33.30%
2.27	Medium Neural Network	63.1	62.5	90.10417	61.22449	90.57592	36.90%
2.28	Wide Neural Network	62.5	59.375	90.10417	60	89.87013	37.50%
2.29	Bilayered Neural Network	65.0	63.54166667	89.0625	59.2233	90.71618	35.00%
2.30	Trilayered Neural Network	64.2	67.70833333	88.28125	59.09091	91.62162	35.80%
2.31	SVM Kernel	60.0	63.54166667	91.14583	64.21053	90.90909	40.00%
2.32	Logistic Regression Kernel	59.4	62.5	87.5	55.55556	90.32258	40.60%

Tabela (13-2): Resultados com a aplicação de PCA (PCA ligado), para classificação de cinco classes (todas são 4/94 características) - A variância explicada em percentagem é de 99%, melhores resultados com PCA - CLASSE #2: VCouplet

Model No.	Classifier Name	Accuracy (%)	Sensitivity (%)	Specificity (%)	PPV (%)	NPV (%)	Error Rate (%)
2.1	Fine Tree	57.7%	67.70833333	88.28125	59.09091	91.62162	42.30%
2.2	Medium Tree	58.1%	71.875	88.02083	60	92.60274	41.90%
2.3	Coarse Tree	52.9%	34.375	82.03125	54	95.45455	47.10%
2.4	Linear Discriminant	58.3%	87.5	82.03125	54.90196	96.33028	41.70%
2.5	Quadratic Discriminant	65.4%	96.875	84.375	60.78431	99.08257	34.60%
2.6	Logistic Regression Kernel	59.0%	72.91666667	89.0625	62.5	92.93478	41.00%
2.7	Gaussian Naive Bayes	54.2%	78.125	85.67708	57.69231	94	45.80%
2.8	Kernel Naive Bayes	61.3%	87.5	84.375	58.33333	96.42857	38.70%
2.9	Linear SVM	58.8%	87.5	81.25	53.84615	96.2963	41.20%
2.10	Quadratic SVM	66.2%	92.70833333	85.9375	62.23776	97.92285	33.80%
2.11	Cubic SVM	69.2%	91.66666667	88.80208	67.17557	97.70774	30.80%
2.12	Fine Gaussian SVM	63.7%	87.5	82.8125	56	96.36364	36.30%
2.13	Medium Gaussian SVM	56.2%	88.54166667	79.6875	52.14724	96.52997	43.80%
2.14	Coarse Gaussian SVM	40.6%	70.83333333	82.8125	50.74627	91.90751	59.40%
2.15	Fine KNN	64.8	75	89.32292	63.71681	93.46049	35.20%
2.16	Medium KNN	63.1	88.54166667	83.85417	57.82313	96.6967	36.90%
2.17	Coarse KNN	50.4	91.66666667	78.64583	51.76471	97.41935	49.60%
2.18	Cosine KNN	60.0	82.29166667	84.89583	57.66423	95.04373	40.00%
2.19	Cubic KNN	61.9	88.54166667	83.59375	57.43243	96.68675	38.10%
2.20	Weighted KNN	64.4	82.29166667	85.67708	58.95522	95.08671	35.60%
2.21	Boosted Trees	63.5	83.33333333	85.9375	59.70149	95.37572	36.50%

Model No.	Classifier Name	Accuracy	Sensitivity	Specificity	PPV	NPV	Error Rate
2.22	Bagged Trees	64.8	81.25	89.58333	66.10169	95.02762	35.20%
2.23	Subspace Discriminant	57.1	87.5	82.03125	54.90196	96.33028	42.90%
2.24	Subspace KNN	55.6	59.375	87.5	54.28571	89.6	44.40%
2.25	RUSBoosted Trees	59.4	73.95833333	88.02083	60.68376	93.11295	40.60%
2.26	Narrow Neural Network	66.7	85.41666667	89.0625	66.12903	96.06742	33.30%
2.27	Medium Neural Network	63.1	75	92.44792	71.28713	93.66755	36.90%
2.28	Wide Neural Network	62.5	75	91.92708	69.90291	93.63395	37.50%
2.29	Bilayered Neural Network	65.0	77.08333333	90.625	67.27273	94.05405	35.00%
2.30	Trilayered Neural Network	64.2	75	90.88542	67.28972	93.56568	35.80%
2.31	SVM Kernel	60.0	77.08333333	87.23958	60.1626	93.83754	40.00%
2.32	Logistic Regression Kernel	59.4	71.875	90.10417	64.48598	92.76139	40.60%

Tabela (13-3): Resultados com a aplicação de PCA (PCA ligado), para a classificação de cinco classes (todas são 4/94 características) - A variância explicada em percentagem é de 99%, melhores resultados com PCA - CLASSE #3: VTachy

Model No.	Classifier Name	Accuracy (%)	Sensitivity (%)	Specificity (%)	PPV (%)	NPV (%)	Error Rate (%)
2.1	Fine Tree	57.7%	47.91666667	87.23958	48.42105	87.01299	42.30%
2.2	Medium Tree	58.1%	44.79166667	86.97917	46.23656	86.30491	41.90%
2.3	Coarse Tree	52.9%	47.91666667	85.15625	44.66019	86.7374	47.10%
2.4	Linear Discriminant	58.3%	47.91666667	92.44792	61.33333	87.65432	41.70%
2.5	Quadratic Discriminant	65.4%	53.125	87.23958	51	88.15789	34.60%
2.6	Logistic Regression Kernel	59.0%	43.75	89.84375	51.85185	86.46617	41.00%

2.7	Gaussian Naive Bayes	54.2%	32.29166667	89.32292	43.05556	84.06863	45.80%
2.8	Kernel Naive Bayes	61.3%	51.04166667	90.10417	56.32184	88.04071	38.70%
2.9	Linear SVM	58.8%	47.91666667	87.5	48.93617	87.04663	41.20%
2.10	Quadratic SVM	66.2%	21.93877551	86.97183	53.75	61.75	33.80%
2.11	Cubic SVM	69.2%	48.95833333	89.84375	54.65116	87.56345	30.80%
2.12	Fine Gaussian SVM	63.7%	51.04166667	90.88542	58.33333	88.13131	36.30%
2.13	Medium Gaussian SVM	56.2%	55.20833333	85.15625	48.18182	88.37838	43.80%
2.14	Coarse Gaussian SVM	40.6%	25	80.72917	24.4898	81.15183	59.40%
2.15	Fine KNN	64.8	52.08333333	88.28125	52.63158	88.05195	35.20%
2.16	Medium KNN	63.1	44.79166667	92.1875	58.90411	86.97789	36.90%
2.17	Coarse KNN	50.4	39.58333333	86.19792	41.75824	85.08997	49.60%
2.18	Cosine KNN	60.0	40.625	90.625	52	85.92593	40.00%
2.19	Cubic KNN	61.9	44.79166667	91.66667	57.33333	86.91358	38.10%
2.20	Weighted KNN	64.4	45.83333333	91.14583	56.41026	87.06468	35.60%
2.21	Boosted Trees	63.5	50	89.58333	54.54545	87.7551	36.50%
2.22	Bagged Trees	64.8	52.08333333	89.0625	54.34783	88.14433	35.20%
2.23	Subspace Discriminant	57.1	43.75	92.1875	58.33333	86.76471	42.90%
2.24	Subspace KNN	55.6	44.79166667	86.45833	45.26316	86.23377	44.40%
2.25	RUSBoosted Trees	59.4	47.91666667	86.19792	46.46465	86.87664	40.60%
2.26	Narrow Neural Network	66.7	51.04166667	89.0625	53.84615	87.91774	33.30%
2.27	Medium Neural Network	63.1	43.75	87.5	46.66667	86.15385	36.90%
2.28	Wide Neural Network	62.5	47.91666667	86.45833	46.93878	86.91099	37.50%
2.29	Bilayered Neural Network	65.0	52.08333333	90.10417	56.81818	88.26531	35.00%

2.30	Trilayered Neural Network	64.2	45.83333333	90.625	55	87	35.80%
2.31	SVM Kernel	60.0	39.58333333	90.625	51.35135	85.71429	40.00%
2.32	Logistic Regression Kernel	59.4	43.75	89.84375	51.85185	86.46617	40.60%

Tabela (13-4): Resultados com a aplicação de PCA (PCA ligado), para classificação de cinco classes (todas são 4/94 características) - A variância explicada em percentagem é de 99%, melhores resultados com PCA - CLASSE #4: VBigeminy

Model No.	Classifier Name	Accuracy (%)	Sensitivity (%)	Specificity (%)	PPV (%)	NPV (%)	Error Rate (%)
2.1	Fine Tree	57.7%	81.72043011	94.05685	76.76768	95.53806	42.30%
2.2	Medium Tree	58.1%	81.25	94.27083	78	95.26316	41.90%
2.3	Coarse Tree	52.9%	67.70833333	94.01042	73.86364	92.09184	47.10%
2.4	Linear Discriminant	58.3%	96.875	83.33333	59.23567	99.07121	41.70%
2.5	Quadratic Discriminant	65.4%	95.83333333	94.27083	80.70175	98.9071	34.60%
2.6	Logistic Regression Kernel	59.0%	81.25	92.44792	72.8972	95.17426	41.00%
2.7	Gaussian Naive Bayes	54.2%	91.66666667	81.77083	55.6962	97.51553	45.80%
2.8	Kernel Naive Bayes	61.3%	82.29166667	90.36458	68.10345	95.32967	38.70%
2.9	Linear SVM	58.8%	95.83333333	92.96875	77.31092	98.89197	41.20%
2.10	Quadratic SVM	66.2%	93.75	95.05208	82.56881	98.38275	33.80%
2.11	Cubic SVM	69.2%	93.75	94.79167	81.81818	98.37838	30.80%
2.12	Fine Gaussian SVM	63.7%	94.79166667	94.53125	81.25	98.6413	36.30%
2.13	Medium Gaussian SVM	56.2%	94.79166667	84.89583	61.07383	98.48943	43.80%
2.14	Coarse Gaussian SVM	40.6%	79.16666667	74.47917	43.67816	93.46405	59.40%
2.15	Fine KNN	64.8	84.375	95.3125	81.81818	96.06299	35.20%

2.16	Medium KNN	63.1	93.75	91.92708	74.38017	98.32869	36.90%
2.17	Coarse KNN	50.4	98.95833333	74.47917	49.2228	99.65157	49.60%
2.18	Cosine KNN	60.0	85.41666667	89.58333	67.21311	96.08939	40.00%
2.19	Cubic KNN	61.9	93.75	92.44792	75.63025	98.33795	38.10%
2.20	Weighted KNN	64.4	91.66666667	92.96875	76.52174	97.80822	35.60%
2.21	Boosted Trees	63.5	86.45833333	95.57292	83	96.57895	36.50%
2.22	Bagged Trees	64.8	86.45833333	94.27083	79.04762	96.53333	35.20%
2.23	Subspace Discriminant	57.1	96.875	83.07292	58.86076	99.06832	42.90%
2.24	Subspace KNN	55.6	83.33333333	93.75	76.92308	95.74468	44.40%
2.25	RUSBoosted Trees	59.4	82.29166667	94.27083	78.21782	95.51451	40.60%
2.26	Narrow Neural Network	66.7	87.5	95.83333	84	96.84211	33.30%
2.27	Medium Neural Network	63.1	86.45833333	95.3125	82.17822	96.56992	36.90%
2.28	Wide Neural Network	62.5	77.08333333	94.79167	78.7234	94.30052	37.50%
2.29	Bilayered Neural Network	65.0	85.41666667	95.83333	83.67347	96.33508	35.00%
2.30	Trilayered Neural Network	64.2	82.29166667	95.3125	81.4433	95.56136	35.80%
2.31	SVM Kernel	60.0	84.375	94.53125	79.41176	96.03175	40.00%
2.32	Logistic Regression Kernel	59.4	76.04166667	93.22917	73.73737	93.96325	40.60%

Tabela (13-5): Resultados com a aplicação de PCA (PCA ligado), para a classificação de cinco classes (todas as características são 4/94) - A variância explicada em percentagem é de 99%, melhores resultados com PCA - CLASSE #5: Fibrilhação ventricular

Model No.	Classifier Name	Accuracy (%)	Sensitivity (%)	Specificity (%)	PPV (%)	NPV (%)	Error Rate (%)
2.1	Fine Tree	57.7%	42.70833333	89.0625	49.39759	86.1461	42.30%
2.2	Medium Tree	58.1%	45.83333333	88.02083	48.88889	86.66667	41.90%
2.3	Coarse Tree	52.9%	26.04166667	90.625	40.98361	83.05489	47.10%
2.4	Linear Discriminant	58.3%	25	93.75	50	83.33333	41.70%
2.5	Quadratic Discriminant	65.4%	35.41666667	94.79167	62.96296	85.44601	34.60%
2.6	Logistic Regression Kernel	59.0%	35.41666667	88.28125	43.03797	84.53865	41.00%
2.7	Gaussian Naive Bayes	54.2%	23.95833333	92.1875	43.39623	82.90398	45.80%
2.8	Kernel Naive Bayes	61.3%	31.25	95.05208	61.22449	84.68677	38.70%
2.9	Linear SVM	58.8%	19.79166667	94.01042	45.2381	82.42009	41.20%
2.10	Quadratic SVM	66.2%	45.83333333	93.75	64.70588	87.37864	33.80%
2.11	Cubic SVM	69.2%	51.04166667	94.79167	71.01449	88.56448	30.80%
2.12	Fine Gaussian SVM	63.7%	30.20833333	94.01042	55.76923	84.34579	36.30%
2.13	Medium Gaussian SVM	56.2%	14.58333333	96.875	53.84615	81.93833	43.80%
2.14	Coarse Gaussian SVM	40.6%	18.75	88.28125	28.57143	81.29496	59.40%
2.15	Fine KNN	64.8	45.83333333	91.40625	57.14286	87.09677	35.20%
2.16	Medium KNN	63.1	30.20833333	94.27083	56.86275	84.38228	36.90%
2.17	Coarse KNN	50.4	3.125	99.21875	50	80.37975	49.60%
2.18	Cosine KNN	60.0	31.25	92.44792	50.84746	84.32304	40.00%
2.19	Cubic KNN	61.9	26.04166667	93.75	51.02041	83.52668	38.10%
2.20	Weighted KNN	64.4	36.45833333	93.22917	57.37705	85.44153	35.60%
2.21	Boosted Trees	63.5	44.79166667	91.40625	56.57895	86.88119	36.50%

2.22	Bagged Trees	64.8	42.70833333	91.40625	55.40541	86.4532	35.20%
2.23	Subspace Discriminant	57.1	23.95833333	93.48958	47.91667	83.10185	42.90%
2.24	Subspace KNN	55.6	33.33333333	87.5	40	84	44.40%
2.25	RUSBoosted Trees	59.4	45.83333333	89.84375	53.01205	86.90176	40.60%
2.26	Narrow Neural Network	66.7	44.79166667	91.14583	55.84416	86.84864	33.30%
2.27	Medium Neural Network	63.1	47.91666667	88.54167	51.11111	87.17949	36.90%
2.28	Wide Neural Network	62.5	53.125	89.84375	56.66667	88.46154	37.50%
2.29	Bilayered Neural Network	65.0	46.875	90.625	55.55556	87.21805	35.00%
2.30	Trilayered Neural Network	64.2	50	90.10417	55.81395	87.81726	35.80%
2.31	SVM Kernel	60.0	35.41666667	86.45833	39.53488	84.26396	40.00%
2.32	Logistic Regression Kernel	59.4	42.70833333	88.54167	48.23529	86.07595	40.60%

Tabela (14): Resultados finais para os dez melhores classificadores (Normal e Anormal - Sem PCA)

o.	Model No.	Classifier Name	Accuracy	Sensitivity	Specificity	PPV	NPV	Error Rate
	1.28	Wide Neural Network	98.3%	95.83333333	98.95833	95.83333	98.95833	1.70%
	1.6	Logistic Regression	98.1%	94.84536082	98.95561	95.83333	98.69792	1.90%
	1.23	Subspace Discriminan t	97.9%	94.79166667	98.69792	94.79167	98.69792	2.10%
	1.11	Cubic SVM	97.7%	94.73684211	98.44156	93.75	98.69792	2.30%
	1.27	Medium Neural Network	97.5%	93.75	98.4375	93.75	98.4375	2.50%

	1.26	Narrow Neural Network	97.3%	91.91919192	98.68766	94.79167	97.91667	2.70%
	1.10	Quadratic SVM	96.9%	94.50549451	97.42931	89.58333	98.69792	3.10%
	1.4	Linear Discriminant	96.7%	93.47826087	97.42268	89.58333	98.4375	3.30%
	1.9	Linear SVM	96.5%	91.57894737	97.66234	90.625	97.91667	3.50%
0	1.29	Bilayered Neural Network	96.0%	89.69072165	97.65013	90.625	97.39583	4.00%

Tabela (15): Resultados finais para os dez melhores classificadores (Normal e Anormal - Com PCA)

o.	Model No.	Classifier Name	Accuracy	Sensitivity	Specificity	PPV	NPV	Error Rate
	2.20	Weighted KNN	87.7%	72.83950617	90.72682	61.45833	94.27083	12.30%
	2.26	Narrow Neural Network	86.7%	69.51219512	90.20101	59.375	93.48958	13.30%
	2.30	Trilayered Neural Network	86.7%	67.39130435	91.23711	64.58333	92.1875	13.30%
	2.15	Fine KNN	86.5%	65.34653465	92.08443	68.75	90.88542	13.50%
	2.21	Boosted Trees	86.5%	69.13580247	89.97494	58.33333	93.48958	13.50%
	2.22	Bagged Trees	86.5%	70.12987013	89.57816	56.25	94.01042	13.50%
	2.3	Coarse Tree	86.0%	70.42253521	88.75306	52.08333	94.53125	14.00%
	2.16	Medium KNN	86.0%	73.7704918	87.82816	46.875	95.83333	14.00%
	2.11	Cubic SVM	85.6%	70.14925373	88.13559	48.95833	94.79167	14.40%
0	2.19	Cubic KNN	85.4%	70.3125	87.74038	46.875	95.05208	14.60%

Tabela (16): Resultados finais para os dez melhores classificadores (Cinco classes - Sem PCA)

o.	Model No.	Classifier Name	Accuracy	Class	Sensitivity	Specificity	PPV	NPV	Error Rate
				Class #1 (Normal)	92.70833333	97.91667	91.75258	98.17232	11.00%
				Class #2 (VC)	85.41666667	97.39583	89.13043	96.39175	11.00%
	1.28	Wide Neural Network	89.0%	Class #3 (VT)	84.375	94.01042	77.88462	96.01064	11.00%
				Class #4 (VB)	90.625	98.17708	92.55319	97.66839	11.00%
				Class #5 (VF)	91.66666667	98.69792	94.62366	97.93282	11.00%
				Class #1 (Normal)	90.625	98.95833	95.6044	97.68638	12.50%
				Class #2 (VC)	88.54166667	95.3125	82.52427	97.08223	12.50%
	1.10	Quadratic SVM	87.5%	Class #3 (VT)	75	94.79167	78.26087	93.81443	12.50%
				Class #4 (VB)	89.58333333	95.57292	83.49515	97.34748	12.50%
				Class #5 (VF)	93.75	99.47917	97.82609	98.45361	12.50%
				Class #1 (Normal)	91.66666667	99.47917	97.77778	97.94872	12.70%
				Class #2 (VC)	92.70833333	94.01042	79.46429	98.09783	12.70%
	1.4	Linear Discriminant	87.3%	Class #3 (VT)	70.83333333	95.05208	78.16092	92.87532	12.70%
				Class #4 (VB)	90.625	95.83333	84.46602	97.61273	12.70%
				Class #5 (VF)	90.625	99.73958	98.86364	97.70408	12.70%
				Class #1 (Normal)	89.58333333	97.65625	90.52632	97.4026	12.70%
				Class #2 (VC)	79.46428571	98.09783	92.70833	94.01042	12.70%
	1.9	Linear SVM	87.3%	Class #3 (VT)	69.79166667	97.39583	87.01299	92.80397	12.70%
				Class #4 (VB)	91.66666667	96.61458	87.12871	97.88918	12.70%
				Class #5 (VF)	92.70833333	99.73958	98.88889	98.20513	12.70%

	1.27	Medium Neural Network	87.3%	Class #1 (Normal)	96.875	96.61458	87.73585	99.19786	12.70%
				Class #2 (VC)	81.25	96.875	86.66667	95.38462	12.70%
				Class #3 (VT)	81.25	92.96875	74.28571	95.2	12.70%
				Class #4 (VB)	84.375	98.4375	93.10345	96.18321	12.70%
				Class #5 (VF)	92.70833333	99.21875	96.73913	98.19588	12.70%
	1.23	Subspace Discriminant	86.5%	Class #1 (Normal)	95.83333333	97.39583	90.19608	98.9418	13.50%
				Class #2 (VC)	93.75	95.05208	82.56881	98.38275	13.50%
				Class #3 (VT)	68.75	95.3125	78.57143	92.42424	13.50%
				Class #4 (VB)	86.45833333	96.09375	84.69388	96.59686	13.50%
				Class #5 (VF)	87.5	99.21875	96.55172	96.94656	13.50%
	1.11	Cubic SVM	86.0%	Class #1 (Normal)	93.75	98.4375	93.75	98.4375	14.00%
				Class #2 (VC)	89.58333333	96.35417	86	97.36842	14.00%
				Class #3 (VT)	77.08333333	92.1875	71.15385	94.14894	14.00%
				Class #4 (VB)	82.29166667	95.57292	82.29167	95.57292	14.00%
				Class #5 (VF)	87.5	100	100	96.9697	14.00%
	1.26	Narrow Neural Network	85.6%	Class #1 (Normal)	95.83333333	97.91667	92	98.94737	14.40%
				Class #2 (VC)	83.33333333	96.35417	85.10638	95.85492	14.40%
				Class #3 (VT)	69.79166667	93.22917	72.04301	92.50646	14.40%
				Class #4 (VB)	89.58333333	95.83333	84.31373	97.3545	14.40%
				Class #5 (VF)	89.58333333	98.69792	94.50549	97.42931	14.40%
	1.29	Bilayered Neural Network	85.0%	Class #1 (Normal)	93.75	97.91667	91.83673	98.42932	15.00%
				Class #2 (VC)	87.5	96.09375	84.84848	96.85039	15.00%
				Class #3 (VT)	67.70833333	92.96875	70.65217	92.01031	15.00%

No.	Model No.	Classifier Name	Accuracy	Class	Sensitivity	Specificity	PPV	NPV	Error Rate
				Class #4 (VB)	84.375	97.13542	88.04348	96.13402	15.00%
				Class #5 (VF)	91.66666667	97.13542	88.88889	97.90026	15.00%
0	1.13	Medium Gaussian SVM	84.8%	Class #1 (Normal)	92.70833333	97.39583	89.89899	98.16273	15.20%
				Class #2 (VC)	89.58333333	95.57292	83.49515	97.34748	15.20%
				Class #3 (VT)	72.91666667	93.48958	73.68421	93.24675	15.20%
				Class #4 (VB)	76.04166667	96.61458	84.88372	94.16244	15.20%
				Class #5 (VF)	92.70833333	98.17708	92.70833	98.17708	15.20%

Tabela (17): Resultados finais para os dez melhores classificadores (Cinco classes - Com PCA (99%)

No.	Model No.	Classifier Name	Accuracy	Class	Sensitivity	Specificity	PPV	NPV	Error Rate
1	2.11	Cubic SVM	69.2%	Class #1 (Normal)	60.41666667	93.22917	69.04762	90.40404	30.80%
				Class #2 (VC)	91.66666667	88.80208	67.17557	97.70774	30.80%
				Class #3 (VT)	48.95833333	89.84375	54.65116	87.56345	30.80%
				Class #4 (VB)	93.75	94.79167	81.81818	98.37838	30.80%
				Class #5 (VF)	51.04166667	94.79167	71.01449	88.56448	30.80%
2	2.26	Narrow Neural Network	66.7%	Class #1 (Normal)	64.58333333	93.22917	70.45455	91.32653	33.30%
				Class #2 (VC)	85.41666667	89.0625	66.12903	96.06742	33.30%
				Class #3 (VT)	51.04166667	89.0625	53.84615	87.91774	33.30%
				Class #4 (VB)	87.5	95.83333	84	96.84211	33.30%
				Class #5 (VF)	44.79166667	91.14583	55.84416	86.84864	33.30%
3	2.10	Quadratic SVM	66.2%	Class #1 (Normal)	54.16666667	92.70833	65	89	33.80%
				Class #2 (VC)	92.70833333	85.9375	62.23776	97.92285	33.80%
				Class #3 (VT)	21.93877551	86.97183	53.75	61.75	33.80%

				Class #4 (VB)	93.75	95.05208	82.56881	98.38275	33.80%
				Class #5 (VF)	45.83333333	93.75	64.70588	87.37864	33.80%
4	2.5	Quadratic Discriminant	65.4%	Class #1 (Normal)	45.83333333	96.09375	74.57627	87.64846	34.60%
				Class #2 (VC)	96.875	84.375	60.78431	99.08257	34.60%
				Class #3 (VT)	53.125	87.23958	51	88.15789	34.60%
				Class #4 (VB)	95.83333333	94.27083	80.70175	98.9071	34.60%
				Class #5 (VF)	35.41666667	94.79167	62.96296	85.44601	34.60%
5	2.29	Bilayered Neural Network	65.0	Class #1 (Normal)	63.54166667	89.0625	59.2233	90.71618	35.00%
				Class #2 (VC)	77.08333333	90.625	67.27273	94.05405	35.00%
				Class #3 (VT)	52.08333333	90.10417	56.81818	88.26531	35.00%
				Class #4 (VB)	85.41666667	95.83333	83.67347	96.33508	35.00%
				Class #5 (VF)	46.875	90.625	55.55556	87.21805	35.00%
6	2.15	Fine KNN	64.8	Class #1 (Normal)	66.66666667	91.66667	66.66667	91.66667	35.20%
				Class #2 (VC)	75	89.32292	63.71681	93.46049	35.20%
				Class #3 (VT)	52.08333333	88.28125	52.63158	88.05195	35.20%
				Class #4 (VB)	84.375	95.3125	81.81818	96.06299	35.20%
				Class #5 (VF)	45.83333333	91.40625	57.14286	87.09677	35.20%
7	2.22	Bagged Trees	64.8	Class #1 (Normal)	61.45833333	91.66667	64.83516	90.48843	35.20%
				Class #2 (VC)	81.25	89.58333	66.10169	95.02762	35.20%
				Class #3 (VT)	52.08333333	89.0625	54.34783	88.14433	35.20%
				Class #4 (VB)	86.45833333	94.27083	79.04762	96.53333	35.20%
				Class #5 (VF)	42.70833333	91.40625	55.40541	86.4532	35.20%
8	2.20	Weighted KNN	64.4	Class #1 (Normal)	65.625	92.44792	68.47826	91.49485	35.60%

				Class #2 (VC)	82.29166667	85.67708	58.95522	95.08671	35.60 %
				Class #3 (VT)	45.83333333	91.14583	56.41026	87.06468	35.60 %
				Class #4 (VB)	91.66666667	92.96875	76.52174	97.80822	35.60 %
				Class #5 (VF)	36.45833333	93.22917	57.37705	85.44153	35.60 %
9	2.30	Trilayered Neural Network	64.2	Class #1 (Normal)	67.70833333	88.28125	59.09091	91.62162	35.80 %
				Class #2 (VC)	75	90.88542	67.28972	93.56568	35.80 %
				Class #3 (VT)	45.83333333	90.625	55	87	35.80 %
				Class #4 (VE)	82.29166667	95.3125	81.4433	95.56136	35.80 %
				Class #5 (VF)	50	90.10417	55.81395	87.81726	35.80 %
10	2.12	Fine Gaussian SVM	63.7%	Class #1 (Normal)	55.20833333	92.44792	64.63415	89.19598	36.30 %
				Class #2 (VC)	87.5	82.8125	56	96.36364	36.30 %
				Class #3 (VT)	51.04166667	90.88542	58.33333	88.13131	36.30 %
				Class #4 (VB)	94.79166667	94.53125	81.25	98.6413	36.30 %
				Class #5 (VF)	30.20833333	94.01042	55.76923	84.34579	36.30 %

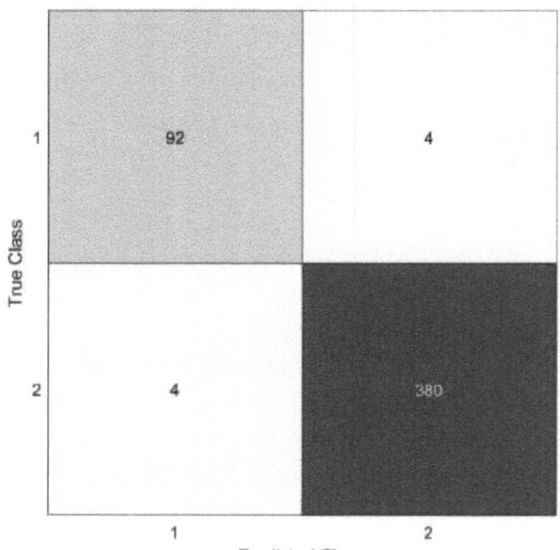

Figura (13): Matriz de Confusão para o modelo 1.28-Rede Neural Ampla para classificação Normal/Anormal (sem aplicação de PCA)
Fonte: A partir do MATLAB R2021b gerado pelo código fonte dos autores

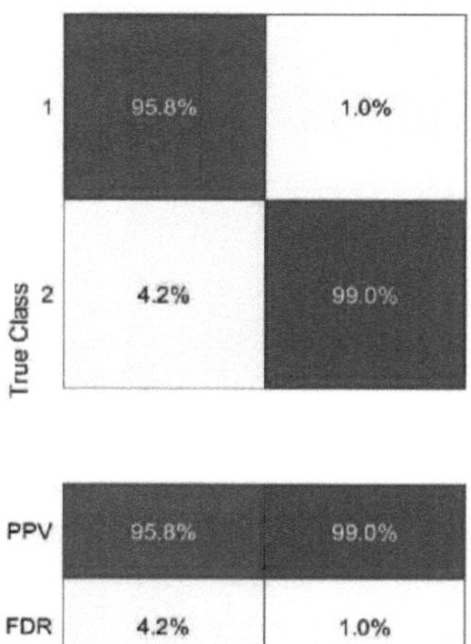

Figura (14): Matriz de Confusão (PPV Vs. FDR) para o modelo 1.28-Rede Neural Ampla para classificação Normal/Anormal (sem aplicação de PCA)
Fonte: A partir do MATLAB R2021b gerado pelo código fonte dos autores

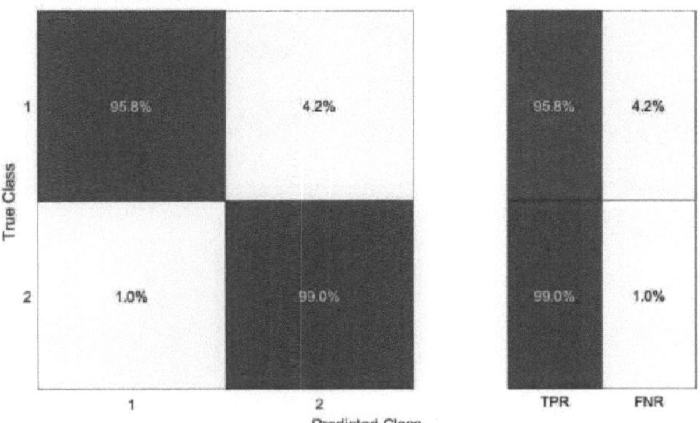

Figura (15): Matriz de Confusão (TPR Vs. FNR) para o modelo 1.28-Rede Neural
Ampla para classificação Normal/Anormal (Sem aplicação de PCA)
Fonte: Do MATLAB R2021b gerado pelo código fonte dos autores

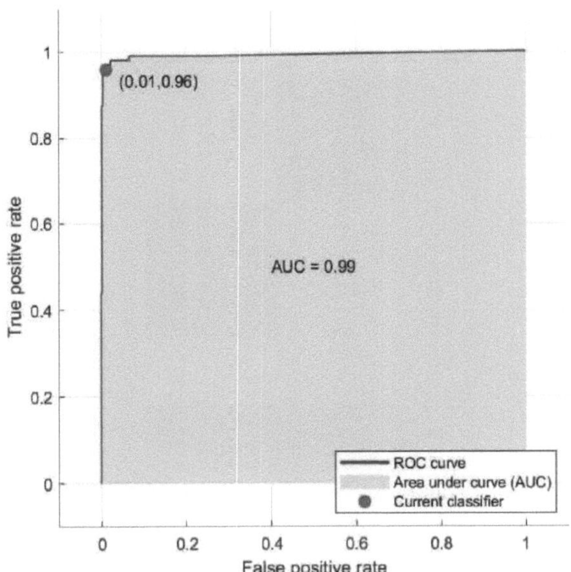

Figura (16): Curva ROC para o modelo 1.28-Rede Neural Ampla para classificação
Normal/Anormal (sem aplicação de PCA)
Fonte: A partir do MATLAB R2021b gerado pelo código fonte dos autores

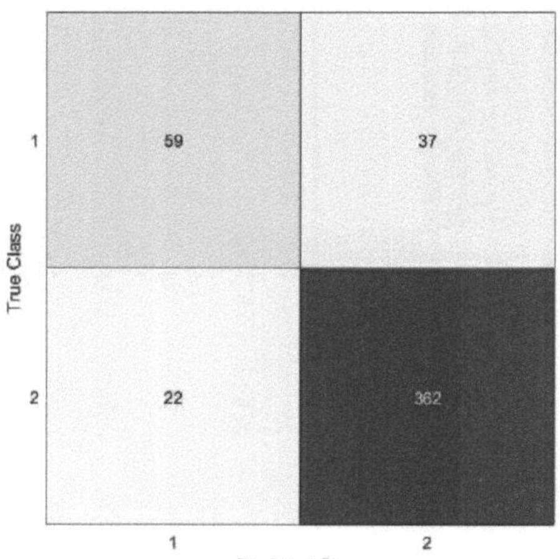

Figura (17): Matriz de Confusão para o modelo 2.20- KNN ponderado (número de vizinhos é 1) para classificação Normal/Anormal (Com aplicação de PCA)
Fonte: Do MATLAB R2021b gerado pelo código fonte dos autores

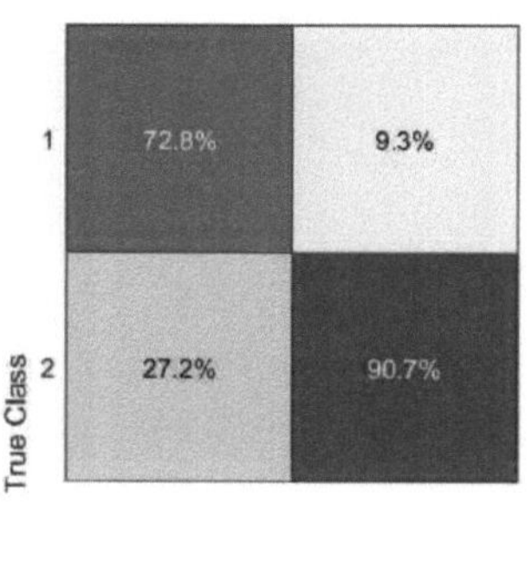

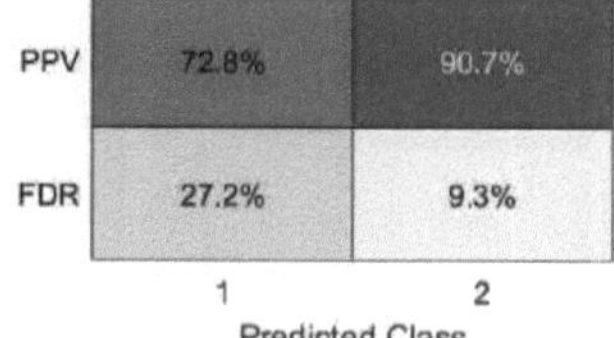

Figura (18): Matriz de confusão (PPV Vs. FDR) para o modelo 2.20- KNN ponderado (o número de vizinhos é 1) para classificação Normal/Anormal (com aplicação de PCA)
Fonte: A partir do MATLAB R2021b gerado pelo código fonte dos autores

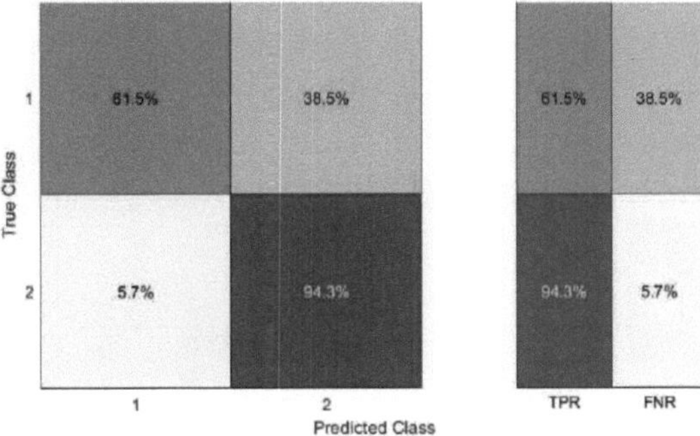

Figura (19): Matriz de confusão (TPR Vs. FNR) para o modelo 2.20- KNN ponderado (o número de vizinhos é 1) para classificação Normal/Anormal (com aplicação de PCA)
Fonte: Do MATLAB R2021b gerado pelo código fonte dos autores

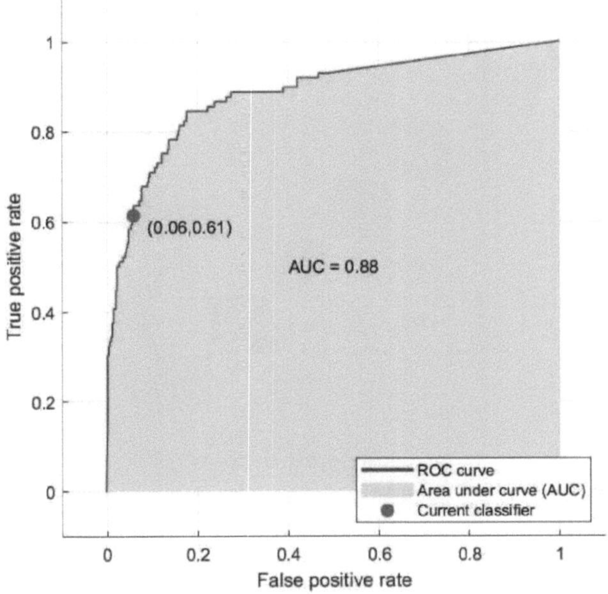

Figura (20): Curva ROC para o modelo 2.20- KNN ponderado (o número de vizinhos é 1) para classificação Normal/Anormal (com aplicação de PCA)
Fonte: A partir do MATLAB R2021b gerado pelo código fonte dos autores

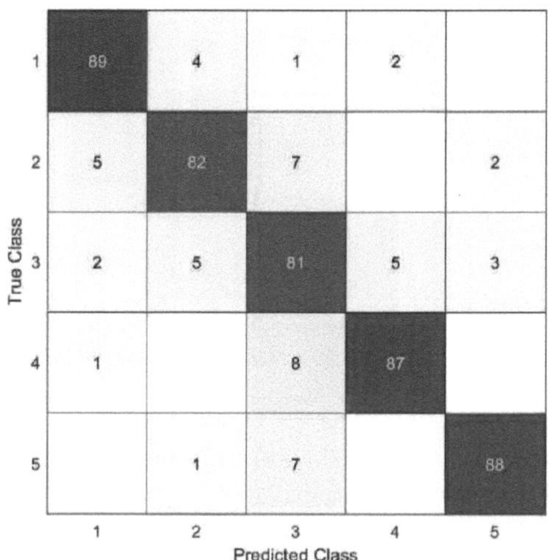

Figura (21): Matriz de confusão para o modelo 1.28-Rede Neural Ampla para classificação de cinco classes (sem aplicação de PCA)
Fonte: A partir do MATLAB R2021b gerado pelo código fonte dos autores

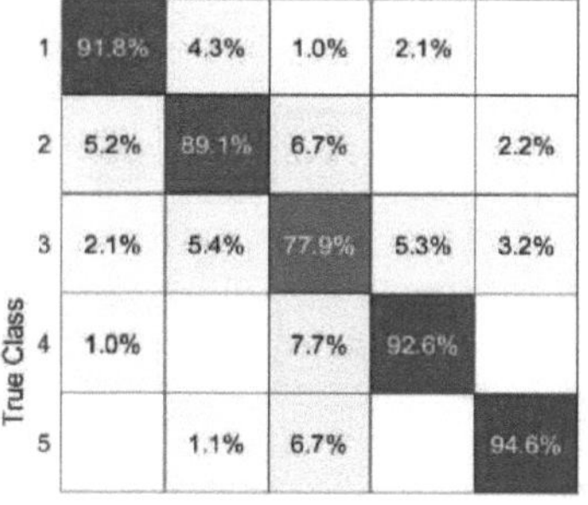

Figura (22): Matriz de confusão (PPV Vs. FDR) para o modelo 1.28-Rede Neural Ampla para classificação de cinco classes (com aplicação de PCA)
Fonte: A partir do MATLAB R2021b gerado pelo código fonte dos autores

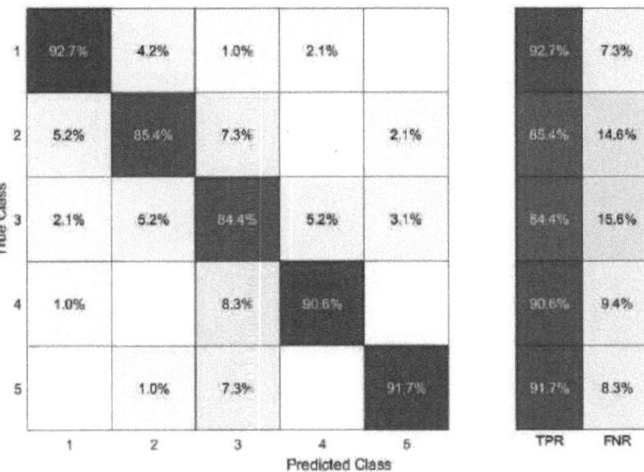

Figura (23): Matriz de Confusão (TPR Vs. FNR) para o modelo 1.28-Rede Neural
Ampla para classificação de cinco classes (sem aplicação de PCA)
Fonte: A partir do MATLAB R2021b gerado pelo código fonte dos autores

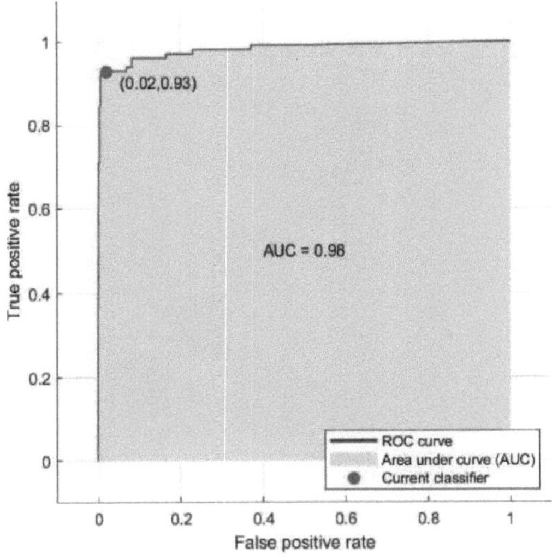

Figura (24): Curva ROC para o modelo 1.28-Rede Neural Ampla para classificação de
cinco classes (sem aplicação de PCA)
Fonte: A partir do MATLAB R2021b gerado pelo código fonte dos autores

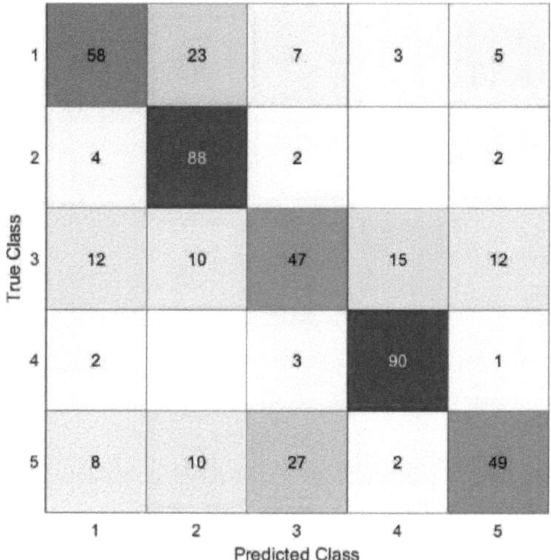

Figura (25): Matriz de confusão (TPR Vs. FNR) para o modelo 2.11- SVM cúbico para classificação de cinco classes (com aplicação de PCA)

Fonte: A partir do MATLAB R2021b gerado pelo código fonte dos autores

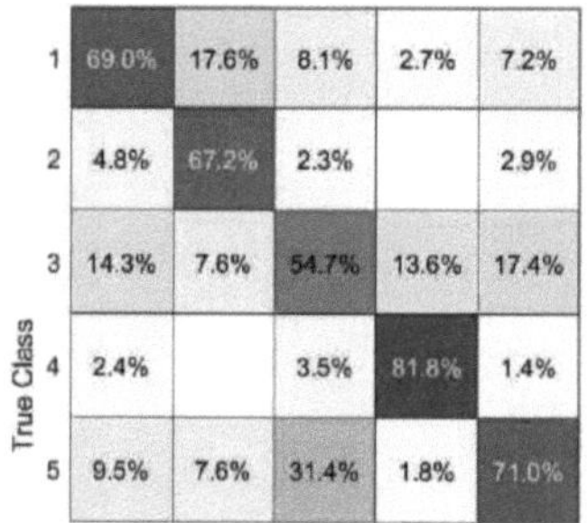

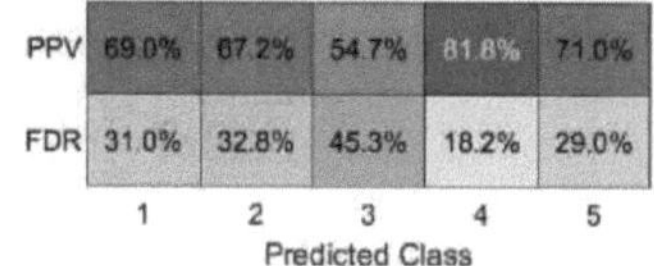

Figura (26): Matriz de confusão (PPV Vs. FDR) para o modelo 2.11- SVM cúbico para classificação de cinco classes (com aplicação de PCA)

Fonte: A partir do MATLAB R2021b gerado pelo código fonte dos autores

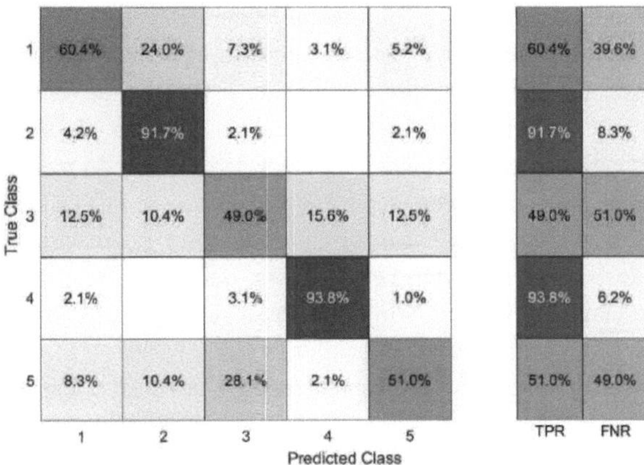

Figura (27): Matriz de confusão (TPR Vs. FNR) para o modelo 2.11- SVM cúbico para classificação de cinco classes (com aplicação de PCA)

Fonte: A partir do MATLAB R2021b gerado pelo código fonte dos autores

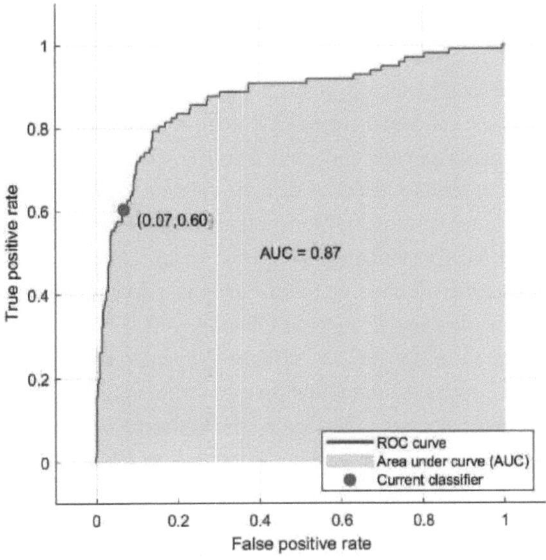

Figura (28): Curva ROC para o modelo 2.11- SVM cúbico para classificação de cinco classes (com

Aplicação da ACP)

Fonte: A partir do MATLAB R2021b gerado pelo código fonte dos autores

85

Passando ao ponto de discussão, foram efectuados cinco passos principais para implementar o sistema proposto, apresentados na figura (6) acima. Esses passos foram principalmente a recolha de dados, o pré-processamento do sinal, a extração de características, a classificação e a avaliação do desempenho. Mais uma vez, a partir do título mencionado, o objetivo do sistema era diagnosticar um dado sinal de ECG e classificá-lo como Normal/Anormal ou Classe#1/Classe#2, este foi o caso apenas da classificação Normal/Anormal. Depois disso, o sistema foi aplicado com o objetivo de diagnosticar e classificar um dado sinal de ECG numa de cinco classes que são Normal (NR), VCouplet (VC), VTachy (VT), VBigeminy (VB), ou VFibrillation (VF), correspondendo à Classe #1, Classe #2, Classe #3, Classe #4, e Classe #5 respetivamente. Assim, inicialmente, 480 sinais de ECG, incluindo os cinco tipos ou classes de sinais de ECG mencionados, foram retirados da base de dados de arritmias do Massachusetts Institute of Technology-Beth Israel Hospital (MIT-BIH), onde todos os sinais têm 3 segundos de duração, tendo sido escolhidos como conjunto de dados do sistema proposto (MIT-BIH Arrhythmia Database, 1997). Cada classe tem 96 sinais divididos em 64 sinais para fins de treino ou aprendizagem, enquanto outros, que são 32 sinais, foram especializados para fins de teste, esta foi a primeira divisão do conjunto de dados, no entanto, o sistema utilizou a técnica de validação cruzada 5-fold, que divide aleatoriamente 80% do conjunto de dados de cada classe para fins de aprendizagem, enquanto os restantes 20% do conjunto de dados de cada classe foram utilizados para fins de teste, mais uma vez, aleatoriamente, este processo foi repetido pela aplicação MATLAB Classification Learner 5 vezes, também aleatoriamente. De facto, a forma mencionada de dividir os sinais do conjunto de dados foi utilizada para fins de classificação de cinco classes. De qualquer modo, no caso de o sistema proposto ser utilizado apenas para a classificação Normal/Anormal, todas as outras quatro classes do conjunto de dados (VC, VT, VB e VF) foram consideradas como sinais Anormais, representando 384 sinais, enquanto a primeira classe é considerada como Normal, incluindo 96 sinais, em que a sua divisão para efeitos de treino e teste foi efectuada nas percentagens do sistema de classificação de Cinco Classes, utilizando a técnica de validação cruzada 5 vezes, que divide o conjunto de dados, aleatoriamente, conforme explicado, com a ajuda da aplicação Classification Learner, utilizando o MATLAB. Deste modo, foi efectuada a recolha de dados. Na verdade, a ideia deste sistema com duas classificações, que são a classificação Normal/Anormal e a classificação de Cinco Classes, não é a primeira vez que é implementada, por exemplo, (Rezaei et al., 2021), como mencionado na secção Revisão da Literatura, propôs um sistema com o objetivo de classificação baseado em dois classificadores, em que o primeiro apenas classifica um determinado sinal em Normal/Anormal, enquanto o segundo é especializado para determinar o tipo de sinal alimentado no sistema em AF ou ARR, como mencionado por (Rezaei et al., 2021).

Além disso, no sistema proposto, o passo de recolha de dados foi efectuado através de sinais de ECG retirados da base de dados de arritmias (MIT-BIH), que é uma fonte bem conhecida, utilizada por muitos outros trabalhos realizados, como (Wesselius et al., 2021) (Soni et al., 2022) (Zhu et al., 2013), que foram mencionados na secção Revisão da literatura. Além disso, os sinais de ECG escolhidos tinham 3 segundos de duração, o que pode ser considerado um intervalo pequeno, em comparação com outros trabalhos mencionados anteriormente, por exemplo, (Linschmann et al., 2021) propôs um modelo para rotular seis segmentos aleatórios de ECGs com 8 segundos de duração, além disso, (Garcia-Isla et al., 2022) propôs um trabalho que lidava com ECGs de 5, 10, 120 segundos e 30 minutos de duração e, neste caso, os ECGs de 5 segundos de duração estão próximos do nosso sistema. Além disso, os sinais de ECG utilizados foram cortados para 10 segundos por (Aublin et al., 2021), e tinham 20 segundos de duração no trabalho de (Wickramasinghe & Athif, 2021), 10 segundos de duração no trabalho de (Rezaei et al., 2021)· s, 60 segundos de duração no trabalho de (Liu et al., 2021-2), 10 segundos no trabalho de (Xia et al., 2021)· s. Assim, o conjunto de dados escolhido para os sinais de ECG no sistema proposto era mais curto do que todos os sinais utilizados pelos sistemas mencionados. Por outro lado, o sistema proposto pode classificar um determinado sinal de ECG numa de cinco classes, que podem ser Normal ou Classe 1 (NR), Casal Ventricular ou Classe 2 (VC), Taquicardia Ventricular (VT) da Classe 3, Bigeminia Ventricular ou Classe 4 (VB), ou Fibrilhação Ventricular ou Classe 5 (VF). Em comparação, o trabalho de (Singstad et al., 2021) classificou o sinal de ECG numa de 26 classes, enquanto o trabalho de (Baygin et al., 2021) classificou um determinado sinal de ECG em sete classes (Caso 1) e quatro classes (Caso 2), o trabalho de (Zheng et al., 2020) conseguiu classificar ECGs numa de 4 classes, enquanto o trabalho de (Liu et al., 2021-2) conseguiu classificar o sinal de ECG numa de 27 classes. Além disso, o trabalho de (Wickramasinghe & Athif, 2022) forneceu um sistema para classificar um dado sinal de ECG numa de 26 classes, onde a classificação de um ECG numa de 17 classes de arritmia cardíaca foi efectuada no trabalho de (Alqudah & Alqudah, 2021), bem como a classificação de um dado sinal de ECG numa de 26 classes no trabalho de (Singstad et al., 2021). De qualquer modo, a classificação de cinco classes pode ser considerada aceitável em comparação com os trabalhos anteriores. Como mencionado, após a fase de recolha de dados, foi efectuada a fase de pré-processamento. Durante esta fase, no sistema proposto, os sinais ou a classe VF foram amostrados a 250 amostras por segundo, enquanto os sinais de todas as outras classes foram amostrados a 360 amostras por segundo. Na verdade, este passo foi efectuado em muitos outros trabalhos, como os mencionados por (Aublin et al., 2021), (Wickramasinghe & Athif, 2021), (Liu et al., 2021), (Liu et al, 2021-2), (Garcia-Isla et al., 2022), (Shang et al., 2021), (Wickramasinghe & Athif, 2022), e (Sundararajan et al., 2021), onde todos estes trabalhos utilizaram a técnica de reamostragem.

Passando à etapa de extração de características, que foi realizada de forma iterativa, para melhorar o mais possível os resultados do sistema. Assim, a aplicação Classification Learner App em MATLAB foi uma ferramenta muito útil utilizada aqui e não mencionada em nenhum dos trabalhos anteriores referidos na revisão da literatura. Agora, depois de adicionar este grupo de características, tentou-se utilizar a aplicação Classification Learner, até se atingir a melhor precisão possível, pelo que se procedeu à extração iterativa de características. Na etapa de extração de características, sem a implementação da ACP, todas as características foram utilizadas no processo de classificação; por outro lado, se a ACP for aplicada, apenas um grupo selecionado de características será aplicado, dependendo da percentagem de variância explicada. Nesta etapa, foram experimentados cinco grupos de características, que são indicados na tabela (1) acima. O primeiro grupo de características centrou-se principalmente nas características estatísticas básicas de primeira ordem, incluindo a média, o desvio-padrão (Std), a média da derivada e o Std da derivada, sendo que, com este grupo, a melhor precisão resultante foi obtida com o classificador KNN ponderado, com 77,3 %. Em seguida, foram utilizadas características do domínio da transformação, incluindo coeficientes de Fourier com 64 bandas a utilizar, valor absoluto (Abs) da transformada rápida de Fourier (FFT), média das bandas, Std das bandas, magnitude máxima da banda e número da banda (frequência), tendo a melhor precisão obtida com este grupo sido obtida com o classificador KNN coseno (o número de vizinhos é 10), com 45,6%. Em seguida, foi adicionado o terceiro grupo de características, que contém duas partes, em que a primeira se centrava em características estatísticas avançadas de primeira ordem, incluindo Média, Std, Std^2, Modo, Variância (Var), Quantil de 0,1 a 0,9 e percentil de 10 a 90. A segunda parte do terceiro grupo de características centrou-se nas características morfológicas baseadas na análise temporal e espetral de um determinado sinal ECG extraído com a ajuda da caixa de ferramentas "ECG Feature Extrator", em que a versão utilizada é a versão 1.0 (4.93 KB) feita por Shantanu Deshmuk (Deshmukh, ECG feature extrator, 2017), aqui, o terceiro grupo de características foi avgHR, meanRR, RMSSD, nn50, pnn50, sd_RR, sd_HR, SE, pse, e average_hrv, a tabela (1) contém os significados das abreviaturas dessas características. O terceiro grupo de características alcançou a melhor precisão, com 71,7%, com o classificador Fine Tree, enquanto o quarto grupo de características, que combina o primeiro e o segundo grupos de características, resultou numa precisão mais elevada, de 61,9%, com o classificador Fine Tree, e o quinto e selecionado grupo de características utilizado no sistema proposto, que inclui a combinação do primeiro, segundo e terceiro grupos de características, com o classificador Wide Neural Network, esta combinação obteve uma precisão de 89,0%. Assim, as características finais a utilizar pelo sistema proposto foram as que combinam as características dos grupos um, dois e três. Neste caso, pode considerar-se que estas características contêm algumas das características morfológicas do ECG, características estatísticas e características de transformação de domínio, resultando num número total de 94 características. Além disso, deve ser mencionado que todos os resultados de precisão aqui mencionados foram obtidos para a classificação de cinco classes de um determinado ECG e, claro, sem a implementação de PCA, como mencionado anteriormente. De qualquer forma, a fig.5 acima foi muito útil, retirada de (Garcia-Isla et al., 2022), uma vez que tem um mapa para as características morfológicas, descrevendo-as de forma clara. Como já foi referido, o sistema proposto utilizou características estatísticas básicas de primeira ordem do ECG, características do domínio da transformação, características estatísticas avançadas de primeira ordem e características morfológicas baseadas em características de transformação do domínio da análise temporal e espetral, bem como combinações dessas características. Em primeiro lugar, as características estatísticas são muito importantes para a classificação; por exemplo, (Bertsimas et al., 2021), como já foi referido, afirmaram que o cálculo de estatísticas importantes como a média e o desvio-padrão é muito importante; também (Wesselius et al., 2021), por exemplo, mostraram a importância das características estatísticas no sistema de classificação. Passando para o segundo grupo de características do sistema proposto, que são características do domínio da transformação, como as características relacionadas com a FFT. A utilização deste tipo de características é muito famosa e útil em sistemas de classificação, como o trabalho de (Khan et al., 2021)· s, que utilizou FT e FFT, e também (Wickramasinghe & Athif, 2021) e (Wickramasinghe & Athif, 2022) utilizaram FFT. Além disso, mesmo que não seja utilizada no sistema proposto, a Transformada Wavelet foi utilizada em Transform Domain Features por (Asgari et al., 2015). Além disso, (Wesselius et al., 2021) utilizou e mencionou a análise Wavelet, a transformada Wavelet, a FT, bem como a FFT. No terceiro grupo de características do sistema proposto, foram utilizadas características estatísticas de primeira ordem e características morfológicas baseadas em características de transformação do domínio da análise temporal e espetral; de facto, muitos trabalhos fizeram o mesmo, por exemplo, a HRV e as características especializadas para a deteção das ondas Q, S, P e T no trabalho realizado por (Bertsimas et al., 2021) dependiam do mesmo princípio através da deteção de R. (Wesselius et al., 2021), por exemplo, utilizou SE, bem como RMSSD de intervalos RR. Além disso, as características temporais foram calculadas a partir do intervalo RR por (Garcia-Isla et al., 2022), enquanto (Chen et al., 2021) utilizou características espácio-temporais (ST). (Wesselius et al., 2021) explicaram características como a importância da presença da onda P, a regularidade dos complexos QRS, a largura do QRS e o tempo QT, e características que descrevem a irregularidade dos intervalos entre os picos R subsequentes (intervalos RR), bem como características do sinal como a morfologia da onda, a qualidade do sinal e os componentes de frequência. (Garcia-Isla et al, 2022) utilizou quase as mesmas características que as do terceiro grupo de características do sistema proposto, exceto as que foram utilizadas para o intervalo NN, como o intervalo NN médio, o Stda do intervalo NN, o Std das diferenças entre intervalos NN adjacentes, o número de NN que excedem 50ms, a percentagem de nni50 no total dos intervalos RR, o número de NN que excedem 20ms, a percentagem de nni20 no total dos intervalos RR, RMS das diferenças NN (RMSSD), intervalo NN mediano, diferença Max-Min, CV das diferenças sucessivas (CVSD), coeficiente de variação, frequência cardíaca média, frequência cardíaca máxima, frequência cardíaca mínima, std da frequência cardíaca, std do eixo maior, std do eixo menor, rácio entre sd2 e sd1 e área da elipse ajustada do gráfico de Poincarè (elipse_area). Além disso, o sistema proposto por (Zhu et al., 2013) emitiu muitas características temporais como as utilizadas no sistema proposto. Por último, deve mencionar-se novamente que as combinações melhoraram a precisão. Além disso, todos os grupos de características, incluindo as características estatísticas, bem como as características do domínio das transformações, e as características extraídas da caixa de ferramentas "ECG feature extrator" foram extraídas com a ajuda de funções existentes no MATLAB, bem como da aplicação Classification Learner também existente no MATLAB.

As etapas finais efectuadas incluíram a classificação, bem como os cálculos de todas as avaliações de desempenho, incluindo a exatidão, a sensibilidade, a especificidade, o VPP, o VAL e a taxa de erro, para cada classificador. Para a classificação, foi utilizada a aplicação Classification Learner, que fornece todas as matrizes de confusão necessárias para os cálculos das avaliações de desempenho mencionadas. Aqui, foi utilizada uma validação cruzada de 5 vezes. Em primeiro lugar, a classificação de um determinado sinal em sinal de ECG Normal/Anormal foi efectuada sem a implementação de PCA e, em seguida, o mesmo foi feito com a implementação de PCA. Em seguida, utilizou-se a mesma ideia de classificação para a classificação do ECG de cinco classes, sem a aplicação da ACP, bem como após a sua aplicação. Aqui, com a ajuda da aplicação Classification Leaner mencionada, foram utilizados todos os classificadores, que são 1.1 Classificador de árvore fina, 1.2 Classificador de árvore média, 1.3 Classificador de árvore grossa, 1.4 Classificador de discriminante linear, 1.5 Classificador de discriminante quadrático, 1.6 Classificador de regressão logística, 1.7 Classificador de Naive Bayes gaussiano, 1.8 Classificador Kernel Naive Bayes, 1.9 Classificador SVM Linear, 1.10 Classificador SVM Quadrático, 1.11 Classificador SVM Cúbico, 1.12 Classificador SVM Gaussiano Fino, 1.13 Classificador SVM Gaussiano Médio, 1.14 Classificador SVM Gaussiano Grosso, 1.15 Classificador KNN Fino (o número de vizinhos é 1), 1.16 Classificador KNN Médio (o número de vizinhos é 10), 1.17 Classificador KNN grosseiro (o número de vizinhos é 100), 1.18 Classificador KNN cosseno (o número de vizinhos é 10), 1.19 Classificador KNN cúbico (o número de vizinhos é 10), 1.20 Classificador

KNN ponderado (o número de vizinhos é 1), 1.21 Classificador de árvores reforçadas, 1.22 Classificador de árvores ensacadas, 1.23 Classificador discriminante de subespaço, 1.23 Classificador KNN de subespaço, 1.24 Classificador KNN subespacial, 1.25 Classificador RUSBoosted Trees, 1.26 Classificador de rede neural estreita, 1.27 Classificador de rede neural média, 1.28 Classificador de rede neural larga, 1.29 Classificador de rede neural em duas camadas, 1.30 Classificador de rede neural em três camadas, 1.31 Classificador SVM Kernel e 1.32 Classificador de regressão logística Kernel. Em comparação com outros trabalhos realizados, o sistema proposto é o único que utiliza todos os tipos de classificadores para obter os melhores resultados possíveis. Além disso, o sistema proposto utilizou todas as técnicas ou grupos de classificação utilizados ou mencionados no trabalho de (Wesselius et al., 2021)' s, que são a(s) árvore(s) de decisão, a classificação K-Nearest Neighbor (k-NN), a análise de regressão, as máquinas de vectores de apoio (SVM) e as redes neuronais (NN). Na verdade, a maioria dos trabalhos apresentados na revisão da literatura utilizou apenas um tipo ou categoria de classificação, exceto alguns deles, como (Shanmugavadivel et al., 2022), que utilizou Support Vetor Machine (SVM), Naïve Bayes (NB), Logistic Regression (LR) e CNN, e (Soni et al., 2022), que propôs um sistema que utiliza classificadores Naïve Bayes, Decision Tree e K-Nearest Neighbor (KNN). Agora, o passo final foi feito obtendo todos os resultados e calculando todas as avaliações de desempenho, que foram calculadas com a ajuda das Matrizes de Confusão obtidas a partir da aplicação Classification Leaner, como referido anteriormente, e através da aplicação das equações (1) a (5) mencionadas anteriormente. Na verdade, as tabelas (8) a (17) acima, mostram todos os resultados obtidos da classificação, e após o cálculo de todas as avaliações de desempenho mencionadas para cada classe, em cada classificador, o que, em comparação com os trabalhos mencionados na secção Revisão da Literatura, não foi feito, uma vez que nenhum trabalho dos trabalhos mencionados na Revisão da Literatura calculou todas as avaliações de desempenho para todos os classificadores, talvez, no sistema proposto, tendo uma matriz de confusão, matriz de confusão (PPV Vs. FDR), e matriz de confusão (TPR Vs. FNR), e curvas ROC para todos os classificadores, que foram obtidas da aplicação Classification Learner para cada classificador, facilitaram os cálculos das avaliações de desempenho. De um modo geral, a classificação e o cálculo dos resultados foram efectuados primeiro na classificação Normal/Anormal, sem aplicação de PCA. Depois, foi aplicada a ACP, onde a variância explicada em percentagens de 95% (2 de 94 características), 97% (3 de 94 características) e 99% (4 de 94 características) foi aplicada, e os melhores resultados de precisão foram obtidos a partir de 99% como variância explicada, e foi aplicada para a classificação Normal/Anormal com aplicação da ACP. Em seguida, foi aplicado o mesmo processo para a classificação de cinco classes, em que a classificação foi efectuada sem a aplicação de PCA e, depois, com a sua aplicação, o que teve 99% como variância explicada em percentagem, com os melhores resultados de precisão. Agora, a partir dos resultados, pode ver-se claramente que a aplicação de PCA não é preferida no sistema proposto, uma vez que as avaliações de desempenho dos classificadores sem aplicação de PCA foram mais elevadas, de forma notória, do que no caso da aplicação de PCA, especialmente para a exatidão. De facto, também se verificou que a aplicação da ACP com 99% como variância explicada em percentagem deu melhores resultados do que 97%, que foi melhor do que 95%, pelo que, claramente, à medida que a variância explicada aumenta, a precisão e as avaliações de desempenho são melhores. Por último, o sistema apoiado utilizou a aplicação Classification Learner existente no MATLAB, com a ajuda da técnica de validação cruzada 5-fold para classificar 480 ECG isolados duas vezes, em que a primeira classificação foi efectuada para classificar um determinado sinal apenas em sinal normal ou anormal, enquanto o segundo processo de classificação foi efectuado para classificar um determinado sinal numa de cinco classes, sendo essas classes Normal ou Classe #1 (NR), Casal Ventricular ou Classe #2 (VC), Taquicardia Ventricular (VT) da Classe #3, Bigeminia Ventricular ou Classe #4 (VB), e Fibrilhação Ventricular ou Classe #5 (VF). Como mencionado, todos os classificadores foram utilizados pela aplicação para classificar um determinado conjunto de dados. Para a classificação Normal/Anormal, a classificação foi efectuada sem a aplicação de PCA, obtendo-se resultados aceitáveis, seguidos da classificação com a aplicação de PCA, em que se obtiveram resultados menos precisos. Para a classificação normal/anormal, os melhores resultados do classificador, sem aplicação da ACP, foram obtidos a partir do modelo número 1.28, que é uma rede neural ampla, com uma exatidão de 98,3%, uma sensibilidade de 95,83%, uma especificidade de 98,95%, um VPP de 95,83%, um VAL de 98,95% e uma taxa de erro de 1.70%, enquanto a aplicação de PCA com variância explicada em percentagem de 99%, para a classificação Normal/Anormal, resultou em 4/94 características utilizadas pela APP, onde, neste caso, o modelo número 2.20 que é KNN ponderado (o número de vizinhos é 1), deu os melhores resultados com uma exatidão de 87,7%, sensibilidade de 72,83%, especificidade de 90,72%, VPP de 61,45%, VAL de 94,27%. Na classificação Normal/Anormal, o modelo 2.5, que é o Discriminante Quadrático, funcionou bem após a aplicação da ACP, mas o mesmo modelo falhou sem a aplicação da ACP. Passando à parte de classificação de cinco classes do sistema proposto, neste caso, sem a aplicação da ACP, o modelo 1.28, que é o Classificador Neural Amplo, registou os melhores resultados do sistema, que podem ser considerados como resultados finais do sistema proposto, com uma precisão de 89.0% e uma taxa de erro de 11,0%, com uma sensibilidade de 92,70% para a classe 1 (NR), 85,41% para a classe 2 (VC), 84,37% para a classe 3 (VT), 90,62% para a classe 4 (VB) e 91,66% para a classe 5 (VF). Além disso, o classificador neural de 1,28 de largura registou uma especificidade de 97,91% para a Classe#1 (NR), 97,39% para a Classe #2 (VC), 94,01% para a Classe #3 (VT), 98,17% para a Classe #4 (VB) e 98,69% para a Classe #5 (VF). Além disso, para esse classificador, as percentagens de VPP foram de 91,75% para a Classe#1 (NR), 89,13% para a Classe #2 (VC), 77,88% para a Classe #3 (VT), 92,55% para a Classe #4 (VB) e 94,62 para a Classe #5 (VF). As percentagens de VAL, para esse classificador, foram de 98,17% para a Classe#1 (NR), 96,39% para a Classe #2 (VC), 96,01% para a Classe #3 (VT), 97,66% para a Classe #4 (VB) e 97,93% para a Classe #5 (VF). Por outro lado, os melhores resultados obtidos, após a aplicação de PCA, para a classificação de cinco classes, foram obtidos a partir do modelo 2.11, que é o classificador SVM cúbico, que teve uma exatidão de 69,2% e uma taxa de erro de 30,8%, enquanto tem uma sensibilidade de 60,41% para a classe 1 (NR), 91,66% para a classe 2 (VC), 48,95% para a classe 3 (VT), 93,75% para a classe 4 (VB) e 51,04% para a classe 5 (VF). Além disso, o classificador SVM cúbico 2.11 registou uma especificidade de 93,22% para a classe #1 (NR), 88,80% para a classe #2 (VC), 89,84% para a classe #3 (VT), 94,79% para a classe #4 (VB) e 94,79% para a classe #5 (VF). Além disso, para esse classificador, as percentagens de VPP foram de 69,04% para a Classe#1 (NR), 67,17% para a Classe #2 (VC), 54,65% para a Classe #3 (VT), 81,81% para a Classe #4 (VB) e 71,01 para a Classe #5 (VF). As percentagens de VAL, para esse classificador, foram de 90,40% para a Classe#1 (NR), 97,70% para a Classe #2 (VC), 87,56% para a Classe #3 (VT), 98,37% para a Classe #4 (VB) e 88,56% para a Classe #5 (VF). Tal como no caso Normal/Anormal, o modelo 2.5, que é o Discriminante Quadrático, funcionou bem após a aplicação da PCA, mas o mesmo modelo falhou sem a aplicação da PCA na Classificação de Cinco Classes. Finalmente, deve ser mencionado que, com base nos resultados obtidos em trabalhos anteriores realizados na mesma área de classificação de ECG, que foram mencionados na secção Revisão da Literatura, os resultados obtidos pelo sistema proposto foram aceitáveis, especialmente, sem a aplicação de PCA, como mencionado, em ambos os casos de classificação. Além disso, os resultados do sistema proposto podem ajudar na generalização do sistema de classificação a ser utilizado para outras classes, tipos de anomalias cardíacas ou tipos de arritmia que não estão incluídos no sistema proposto. A tabela (18) abaixo mostra uma comparação simples entre os resultados dos sistemas anteriores e os resultados do sistema proposto em termos de pré-processamento, extração de características, classificador(es) utilizado(s) e avaliações de desempenho, se mencionadas.

Tabela (18): Comparação entre os resultados dos sistemas anteriores e os resultados do sistema proposto

Used System	Preprocessing and Feature Extraction	Used Classifier	Performance Assessment (if mentioned)
(Zheng et al., 2020)	- Butterworth Low Band Pass filter - Non Local Means smoothing to remove remaining noise - 39,830 features have been extracted from given ECGs - Feature extraction was based on percentiles of the empirical distribution of ratios of interval lengths and magnitudes of peaks and valleys	- Extreme Gradient Boosting Tree (EGBT) classifier - Gradient Boosting Tree (GBT)	- F1-Score of 0.988 on patients without additional cardiac conditions - F1-Score of 0.97 on patients with additional cardiac conditions
(Khan et al., 2021)	-Autoencoder - FT - FFT - LSTM - PCA	-CNN -RNN -DBN -DNN	Generally, this work has been established for comparison between previous papers in classifications
(Baygin et al., 2021)	- HIT - MAP - Chi2 selector	- AlexNet, ResNets, and VGGNets - SVM	- 92.95% for Case#1 (seven classes) - 97.18% for Case#2 (four classes)
(Bertsimas et al., 2021)	- Non-linear domain, distance-based and time series features - Butterworth High-pass filter and Band-Pass filter - Total of 110 features only selected by implementing of Pan-Tompkins algorithm	- Gradient Boosting Trees	- F1 Scores in the range 0.93 - 0.99
(Aublin et al., 2021)	- Band Pass filter - Re-sampling at 250 Hz - Global max pooling	- 1D convolution followed by rectified linear unit activation	NA
(Wickramasinghe & Athif, 2021)	-Normalization -Resmapling - FFT	-DCNN	NA

(Liu et al., 2021)	- Rsampling - Band Pass Filter - Normalization - Attention layer to extract final feature vectors	- 1D ResNet	0.641 - 0.009 in 5-fold cross-validation technique
(Rezaei et al., 2021)	- Isolation Forest algorithm	- XGBoost Classifier	- Accuracy of 97.48 - Sensitivity and specificity of the first stage classifier were 0.785 and 0.81 - Sensitivity and specificity of the second stage classifier were 0.986 and 0.909
(Liu et al., 2021-2)	- 1D RANet - SE Attention Mechanism - Cropping, padding to 60 seconds - Re-sampling rates of 300 Hz - Data augmentation - Band Pass and Wavelet-based filters	- 1D-CNN	NA
(Garcia-Isla et al., 2022)	- Re-sampling at 500 Hz - Butterworth Filter - zero padding - Data augmentation - SE blocks	- 3-layered network - Global average pooling layer - Modified ResNet	NA
(Wesselius et al., 2021)	- Atrial features -Ventricular features - Signal features	- Decision tree(s) - KNN - Regression analysis - SVM - Neural Networks (NNs)	- Generally, this work has been established for comparison between previous papers in classifications
(Shang et al., 2021)	- Downsampling to 300 Hz - Wavelet analysis - Clipping or zero-padding	- SE-ResNet - DNN	NA
(Linschmann et al., 2021)	- Auto-encoder - LSTM	- CNN	NA

		- Sigmoid activation	
(Magni et al., 2021)	- ECG segments were down sampled at 257 Hz - Handcrafted rhythm features	- SE-ResNet	NA
(Ignacio, 2021)	- Converting segments of ECG embedded in high-dimensional space - Extracting topological summaries and doing of comparison	- Random Forest classifier	NA
(Suh et al., 2021)	- Data augmentation - Masking and threshold optimization technique.	- EfficientNet-B3	NA
(Wickramasinghe & Athif, 2022)	- Normalization, zero-padding and Re-sampling - FFT	-DCNN	- Best three classes have mean F1 scores of 0.53, 0.56 and 0.56
(Xia et al., 2021)	- To extract the pathological feature, multiple branch networks were used with the help of a series of 2-D convolution kernels (filters)	-2D-CNN	NA
(van Prehn et al., 2021)	- Image deformation - Beat morphology - Bayesian optimization	- Combination of binary classifiers	NA
(Sodmann et al., 2021)	- Segmentation and extrasystole detection	-NN	NA
(Alqudah & Alqudah, 2021)	- Calculating of iris spectrum	-CNN	-Accuracy of 99.13%
(Chen et al., 2021)	- Global spatial features - Spatio-Temporal (ST) features were used - Deep ST-ECG network (ST-ECGNet)	-CNN	NA
(Shanmugavadivel et al., 2022)	- Data augmentation	-CNN -SVM - Naïve Bayes (NB) -Logistic Regression (LR)	- Gotten accuracies were 80% for SVM classifier, 73% NB classifier, 70% for LR classifier, 91% for CNN-Baseline model classifier, and 94% for CNN-Hyper-tuned model classifier

(Soni et al., 2022)	- Butterworth Band Pass filter - Two-stage filtering processes - WT for feature extraction - DCT for feature extraction	-ECOC classifier - Naïve Bayes -Decision Tree -KNN	- Accuracy 89.6%
(Sundararajan et al., 2021)	- Re-sampling - ROCKETs for feature extraction	- XGBoosting classifier	NA
(Singstad et al., 2021)	- Pan Tompkins algorithm	-CNN	NA
(Aublin et al., 2022)	- Fully automated deep learning features - Hand-Crafted features	- Lead-agnostic hybrid classifier - CNN	NA
(Kennedy et al., 2016)	- Simple three-point median filter	- Random Forest (RF) -KNN	- Specificity of 98.3% - PPV of 92.1%
(Zhu et al., 2013)	- Adaptive ECG filter based on wavelet transforms	- IEMMC algorithm	- Sensitivity of 90.3 %, -Specificity of 97.4 % -Accuracy of 95.9 %.
(Asgari et al., 2015)	- Peak-to-average power ratio and log-energy entropy have been used to detect AFIB - Wavelet Transform	- SVM	- 99.5% of (ROC) curve - Sensitivity of 97.0% - Specificity of 97.1%
Proposed CAD system	- Re-sampling of data at 360 sample/s - Re-sampling of VF signals at 250 sample/s - ECG feature Extractor toolbox (Features based on temporal and spectral analysis) - First order statistical features - Transform domain features - FFT - Morphological features	- 32 classifiers using Classification Learner App including Tree classifiers, Discriminant Classifiers, Logistic Regression Classifiers, Naive Bayes Classifiers, SVM Classifiers, KNN Classifiers, and Neural Network Classifiers	- Accuracy of 98.3% for Normal/Abnormal Classification – without PCA - Accuracy of 87.7% for Normal/Abnormal Classification – with PCA - Accuracy of 89.0% for Classification – without PCA - Accuracy of 69.2% for Five-Class Classification – with PCA

Conclusão e trabalhos futuros

No final, este trabalho introduziu um sistema de software de Diagnóstico Assistido por Computador (CAD) melhorado proposto para a classificação automática de sinais de ECG cardíaco. Inicialmente, procedeu-se à recolha do conjunto de dados, ou seja, 480 sinais de ECG, incluindo cinco tipos ou classes diferentes de sinais de ECG, em que cada classe tem 96 sinais, foram retirados da base de dados de arritmias do Massachusetts Institute of Technology-Beth Israel Hospital (MIT-BIH), em que todos os sinais têm 3 segundos de duração, tendo sido escolhidos como conjunto de dados do sistema proposto. As cinco classes ou tipos incluídos nos 480 ECG mencionados são Normal ou Classe #1 (NR), Casal Ventricular ou Classe #2 (VC), Taquicardia Ventricular (VT) da Classe #3, Bigeminia Ventricular ou Classe #4 (VB), e Fibrilação Ventricular ou Classe #5 (VF). Após a obtenção do conjunto de dados, o pré-processamento foi efectuado através da reamostragem dos sinais do conjunto de dados, em que todas as classes foram amostradas a 360 amostras por segundo, exceto os sinais de FV, que foram reamostrados a 250 amostras por segundo. Em seguida, foi efectuado um processo iterativo de extração de características com a ajuda da aplicação Classification Learner App existente no MATLAB, para obter a melhor precisão possível. O resultado foi um total de 94 características, que incluem algumas das características morfológicas do ECG, características estatísticas e características de transformação de domínio. Por outras palavras, o sistema utilizou 94 características de determinadas características do ECG, incluindo uma combinação de características estatísticas básicas de primeira ordem, características de transformação de domínio e características estatísticas avançadas de primeira ordem e características morfológicas baseadas na análise temporal e espetral. Em seguida, a classificação foi efectuada, naturalmente, com a aplicação Classification Learner, em que, nesta etapa, foram experimentados todos os 32 classificadores para obter a melhor precisão possível, bem como outras avaliações de desempenho, uma vez que podem ser facilmente calculadas a partir das matrizes de confusão obtidas a partir da aplicação Classification Learner. Aqui, o sistema foi testado primeiro para a classificação do sinal de ECG Normal/Anormal, seguido do teste do sistema para a classificação das Cinco Classes mencionadas para um determinado sinal de ECG, tendo todos sido testados com e sem a aplicação da Análise de Componentes Principais (PCA). De um modo geral, a ausência de aplicação da PCA deu melhores resultados ao sistema. Para a classificação Normal/Anormal, o modelo 1.28, que é a Rede Neural Ampla, registou a melhor precisão possível de 98,3% sem a aplicação da ACP, enquanto a aplicação da ACP registou a melhor precisão de 87,7% para a classificação Normal/Anormal com o modelo 2.20, que é o KNN ponderado (o número de vizinhos é 1). Por outro lado, para a classificação de cinco classes, na ausência de PCA, o modelo 1.28, que é o Classificador Neural Amplo, deu a melhor exatidão com 89,0% para a classificação, enquanto a aplicação de PCA reduziu os resultados da melhor exatidão para 69,2% para a classificação de cinco classes, o que foi alcançado através do modelo 2.11, que é o Classificador SVM Cúbico. Após o registo de todos os resultados obtidos de todos os 32 classificadores, esses resultados foram avaliados, como último passo do sistema proposto, utilizando técnicas de avaliação do desempenho que são, para além da exatidão, a sensibilidade, a especificidade, o valor preditivo positivo (PPV), o valor preditivo negativo (NPV), a taxa de erro e a área sob a curva (AUC). As avaliações de desempenho foram calculadas para todos os 32 classificadores. Em seguida, os resultados do sistema proposto foram comparados com os resultados de outros trabalhos anteriores. Além disso, foram apresentados todos os resultados do sistema CAD proposto. De facto, foi muito benéfico encontrar tais técnicas iterativas de extração de características e de classificação que deram resultados de precisão aceitáveis com 32 classificadores diferentes, onde essas técnicas foram feitas através da aplicação da técnica de validação cruzada 5-fold na aplicação Classification Learner; construída em MATLAB. De facto, os resultados do sistema proposto podem ajudar na generalização do sistema de classificação a ser utilizado para outras classes ou tipos de arritmia que não estão incluídos no sistema proposto. Mais uma vez, todas as áreas do sistema CAD proposto foram desenvolvidas e implementadas utilizando o software MATLAB. Como já foi referido, a deteção e classificação manual da normalidade ou anormalidade do ECG, e dos seus tipos, é uma área com muitos erros possíveis, pelo que se espera que o sistema proposto ajude muito a melhorar a precisão do processo de diagnóstico, bem como a tornar o processo mais rápido. No futuro, é preferível melhorar os resultados dessa precisão acrescentando mais características e tentando implementar diferentes técnicas de transformação, como as técnicas de transformação Wavelet. Além disso, aumentar o número de sinais de ECG do conjunto de dados e tornar o processo mais rápido aceleraria a generalização deste sistema para as aplicações do mundo real. Além disso, recomenda-se também a utilização da mesma técnica para outros tipos de arritmias ou anomalias cardíacas. No final, a utilização da tecnologia e da Inteligência Artificial no domínio biomédico ajudaria muito as pessoas e os doentes, em diferentes domínios, e melhoraria os serviços de saúde em todo o mundo, tornando-os mais rápidos, mais fáceis e mais precisos.

Referências

1- O que é uma arritmia? (2022, 11 de novembro). Recuperado em 16 de outubro de 2022, de https://www.heart.org/en/health-topics/arrhythmia/about-arrhythmia (O que é uma arritmia? 2022)

2- Factos sobre doenças cardíacas (2022) Centros de Controlo e Prevenção de Doenças. Centros de Controlo e Prevenção de Doenças. Disponível em: https://www.cdc.gov/heartdisease/facts.htm, Acedido: October 18, 2022, (Heart disease facts, 2022)

3- Estatísticas de doenças cardíacas e AVC - atualização de 2022 (2022) professional.heart.org. Disponível em: https://professional.heart.org/en/science-news/heart-disease-and-stroke-statistics-2022-update Accessed: 18 de outubro de 2022. (Estatísticas de doenças cardíacas e AVC - atualização de 2022, 2022)

4- Statistics explained (2022) Statistics Explained. Disponível em: https://ec.europa.eu/eurostat/statistics-explained/index.php?title=Cardiovascular diseases statistics, Acedido: 1 de novembro de 2022. (Statistics explained, 2022)

5- Taquicardia ventricular (2021) Taquicardia ventricular | Johns Hopkins Medicina. Disponível em: https://www.hopkinsmedicine.org/health/conditions-and-diseases/ventricular-tachycardia, Acedido: 18 de outubro de 2022, (Taquicardia ventricular, 2021)

6- Taquicardia: Frequência cardíaca rápida (2022) www.heart.org. Disponível em: https://www.heart.org/en/health-topics/arrhythmia/about-arrhythmia/tachycardia--fast-heart-rate, Acedido: 16 de novembro de 2022. (Taquicardia: ritmo cardíaco acelerado, 2022)

7- Hebbar, K.A. e Hueston, W.J. (2002) Management of common Arrhythmias: Parte II. Arritmias ventriculares e Arritmias em populações especiais, American Family Physician. Disponível em: https://www.aafp.org/pubs/afp/issues/2002/0615/p2491.html, Acedido: 1 de novembro de 2022 (Hebbar & Hueston, 2002)

8- Bigeminismo: Causas, tratamento e mudanças no estilo de vida que ajudam (2022) WebMD. WebMD. Disponível em: https://www.webmd.com/heart-disease/atrial-fibrillation/bigeminy-arrhythmia, Acedido: 1 de novembro de 2022. (Bigeminy: Causas, tratamento e mudanças no estilo de vida que ajudam, 2022)

9- Bigeminismo: Causas, sintomas e tratamentos (2022) Medical News Today.
MediLexicon International. Disponível em: https://www.medicalnewstoday.com/articles/320072, Acedido: 1 de novembro de 2022. (Bigeminy: Causas, sintomas e tratamentos, 2022)

10- Casal ventricular (conceito ID: CN303300) - medgen - NCBI (sem data) Centro Nacional de Informação Biotecnológica. Biblioteca Nacional de Medicina dos EUA. Disponível em: https://www.ncbi.nlm.nih.gov/medgen/986696, Acedido: 2 de novembro de 2022. (Casal ventricular (conceito ID: CN303300) - medgen - NCBI, 2022)

11- Cardiologia, J.F.F.P.de (2019) Tudo sobre o sistema e as doenças cardiovasculares, Tudo sobre o sistema e as doenças cardiovasculares. Disponível em: https://johnsonfrancis.org/professional/what-are-ventricular-couplets/, Acedido: 2 de novembro de 2022. (All about cardiovascular system and disorders, 2019)

12- Contracções ventriculares prematuras (PVCS) (2022) Clínica Mayo. Fundação Mayo para a Educação e Investigação Médica. Disponível em: https://www.mayoclinic.org/diseases-conditions/premature-ventricular-contractions/symptoms-causes/syc-20376757, Acedido: 2 de novembro de 2022. (Contracções ventriculares prematuras (PVCS), 2022)

13- Fibrilhação ventricular (2022) Clínica Mayo. Fundação Mayo para a Educação e Investigação Médica. Disponível em: https://www.mayoclinic.org/diseases-conditions/ventricular-fibrillation/symptoms-causes/syc-20364523, Acedido: 2 de novembro de 2022 (Fibrilação Ventricular, 2022)

14- Fibrilhação ventricular2 (2022) www.heart.org. Disponível em: https://www.heart.org/en/health-topics/arrhythmia/about-arrhythmia/ventricular-fibrillation, Acedido: 20 de novembro de 2022. (Fibrilhação ventricular2, 2022)

15- Eletrocardiografia (2023) Wikipédia. Fundação Wikimedia. Disponível em: https://en.wikipedia.org/wiki/Electrocardiography, Acedido: 31 de outubro de 2022. (Eletrocardiografia, 2023)

16- Zheng, J. et al. (2020) "Optimal Multi-Stage Arrhythmia Classification Approach," Scientific Reports, 10(1). Disponível em: https://doi.org/10.1038/s41598-020-59821-7, (Zheng et al., 2020)

17- Khan, A.H., Hussain, M. e Malik, M.K. (2021) "Arrhythmia classification techniques using Deep Neural Network," Complexity, 2021, pp. 1-10. Disponível em: https://doi.org/10.1155/2021/9919588, (Khan et al., 2021)

18- Baygin, M. et al. (2021) "Automated arrhythmia detection with homeomorphically irreducible tree technique using more than 10,000 individual subject ECG Records," Information Sciences, 575, pp. 323-337. Disponível em: https://doi.org/10.1016Zj.ins.2021.06.022, (Baygin et al., 2021)

19- Bertsimas, D., Mingardi, L. e Stellato, B. (2021) "Machine learning for real-time heart disease prediction," IEEE Journal of Biomedical and Health Informatics, 25(9), pp. 3627-3637. Disponível em: https://doi.org/10.1109/jbhi.2021.3066347, (Bertsimas et al., 2021)

20- Aublin, P. et al. (2021) "Deteção de anomalias cardíacas com base num conjunto de

voting of single-lead classifier predictions", 2021 Computing in Cardiology (CinC) [Preprint]. Disponível em: https://doi.org/10.23919/cinc53138.2021.9662824, (Aublin et al., 2021)

21- Wickramasinghe, N.L. and Athif, M. (2021) "Multi-label cardiac abnormality classification from electrocardiogram using deep convolutional neural networks," 2021 Computing in Cardiology (CinC) [Preprint]. Disponível em: https://doi.org/10.23919/cinc53138.2021.9662787, (Wickramasinghe & Athif, 2021)

22- Liu, Y. et al. (2021) "Automatic multi-label ECG classification with category imbalance and cost-sensitive thresholding," Biosensors, 11(11), p. 453. Disponível em: https://doi.org/10.3390/bios11110453, (Liu et al., 2021)

23- Rezaei, M.J. et al. (2021) "A novel Two-stage heart arrhythmia ensemble classifier," Computers, 10(5), p. 60. Disponível em: https://doi.org/10.3390/computers10050060, (Rezaei et al., 2021)

24- Liu, Y. et al. (2021) "Multi-label classification of multi-lead ECG based on deep 1d convolutional neural networks with residual and attention mechanism," 2021 Computing in Cardiology (CinC) [Preprint]. Disponível em: https://doi.org/10.23919/cinc53138.2021.9662873, (Liu et al., 2021-2)

25- Garcia-Isla, G. et al. (2022) "Ensemble classification combining ResNet and handcrafted features with three-steps training," Physiological Measurement, 43(9), p. 094003. Disponível em: https://doi.org/10.1088/1361-6579/ac8f12, (Garcia-Isla et al., 2022)

26- Wesselius, F.J. et al. (2021) "Digital Biomarkers and algorithms for detection of atrial fibrillation using surface electrocardiograms: A systematic review," Computers in Biology and Medicine, 133, p. 104404. Disponível em: https://doi.org/10.1016/j.compbiomed.2021.104404, (Wesselius et al., 2021)

27- Shang, Z. et al. (2021) "Deep discriminative domain generalization with adversarial feature learning for classifying ECG Signals," 2021 Computing in Cardiology (CinC) [Preprint]. Disponível em: https://doi.org/10.23919/cinc53138.2021.9662844, (Shang et al., 2021)

28- Linschmann, O. et al. (2021) "Multi-label classification of cardiac abnormalities for multi-lead ECG recordings based on auto-encoder features and a neural network classifier," 2021 Computing in Cardiology (CinC) [Preprint]. Disponível em: https://doi.org/10.23919/cinc53138.2021.9662702, (Linschmann et al., 2021)

29- Magni, S. et al. (2021) "Combining resnet model with handcrafted temporal features for ECG classification with varying number of leads," 2021 Computing in Cardiology (CinC) [Preprint]. Disponível em: https://doi.org/10.23919/cinc53138.2021.9662931, (Magni et al., 2021)

30- Ignacio, P.S. (2021) "Leveraging period-specific variations in ECG topology for classification tasks," 2021 Computing in Cardiology (CinC) [Preprint]. Disponível em: https://doi.org/10.23919/cinc53138.2021.9662895, (Ignacio, 2021)

31- Suh, J. et al. (2021) "Learning ECG representations for multi-label classificação de anomalias cardíacas", 2021 Computing in Cardiology (CinC) [Preprint]. Disponível em: https://doi.org/10.23919/cinc53138.2021.9662753 (Suh et al., 2021)

32- Wickramasinghe, N.L. and Athif, M. (2022) "Multi-label classification of reduced-lead ecgs using an interpretable deep convolutional neural network," Physiological Measurement, 43(6), p. 064002. Disponível em: https://doi.org/10.1088/1361-6579/ac73d5. (Wickramasinghe & Athif, 2022)

33- Xia, P. et al. (2021) "A novel multi-scale convolutional neural network for

classificação de arritmias em ecgs de derivação reduzida", 2021 Computing in Cardiology (CinC) [Preprint]. Disponível em: https://doi.org/10.23919/cinc53138.2021.9662781. (Xia et al., 2021)

34- van Prehn, J., Ivanov, S. and Nalbantov, G. (2021) "Pathologies prediction on short ECG signals with focus on feature extraction based on beat morphology and image deformation," 2021 Computing in Cardiology (CinC) [Preprint]. Available at: https://doi.org/10.23919/cinc53138.2021.9662714. (van Prehn et al., 2021)

35- Sodmann, P.F., Vollmer, M. e Kaderali, L. (2021) "Segmentar, perceber e classificar - aprendizagem multitarefa do eletrocardiograma numa única rede neural", 2021 Computing in Cardiology (CinC) [Preprint]. Disponível em: https://doi.org/10.23919/cinc53138.2021.9662830 . (Sodmann et al., 2021)

36- Alqudah, A.M. e Alqudah, A. (2021) "Deep learning for single-lead ECG beat arrhythmia-type detection using novel Iris spectrogram representation,"
Soft Computing, 26(3), pp. 1123-1139. Disponível em: https://doi.org/10.1007/s00500-021-06555-x. (Alqudah & Alqudah, 2021)

37- Chen, L. et al. (2021) "Spatio-temporal ECG network for detecting cardiac disorders from multi-lead ecgs," 2021 Computing in Cardiology (CinC) [Preprint]. Disponível em: https://doi.org/10.23919/cinc53138.2021.9662757 (Chen et al., 2021)

38- Shanmugavadivel, K. et al. (2022) "Investigation of applying machine learning and hyperparameter tuned deep learning approaches for arrhythmia detection in ECG images," Computational and Mathematical Methods in Medicine, 2022, pp. 1-12. Disponível em: https://doi.org/10.1155/2022/8571970. (Shanmugavadivel et al., 2022)

39- Soni, E., Nagpal, A. e Chopra, K. (2022) "Atrial fibrillation discrimination for real-time ECG monitoring based on QT interval variation," Indian Journal of Science and Technology, 15(17), pp. 767-777. Disponível em: https://doi.org/10.17485/ijst/v15i17.53 . (Soni et al., 2022)

40- Sundararajan, P. et al. (2021) "Automatic diagnosis of cardiac disease from twelve-lead and reduced-lead ECGs using Multilabel classification," 2021 Computing in Cardiology (CinC) [Preprint]. Available at: https://doi.org/10.23919/cinc53138.2021.9662899. (Sundararajan et al., 2021)

41- Singstad, B.-J., Muten, E.M. and Brekke, P.H. (2021) "Multi-label ECG classification using convolutional neural networks in a classifier chain," 2021 Computing in Cardiology (CinC) [Preprint]. Available at: https://doi.org/10.23919/cinc53138.2021.9662750. (Singstad et al., 2021)

42- Aublin, P.G. et al. (2022) "Predict alone, decide together: Cardiac abnormality detection based on single lead classifier voting," Physiological Measurement, 43(5), p. 054001. Disponível em: https://doi.org/10.1088/1361-6579/ac66b9. (Aublin et al., 2022)

43- Kennedy, A. et al. (2016) "Automated detection of atrial fibrillation using RR intervals and multivariate-based classification," Journal of Electrocardiology, 49(6), pp. 871-876. Disponível em: https://doi.org/10.1016/j.jelectrocard.2016.07.033. (Kennedy et al., 2016)

44- Zhu, B., Ding, Y. e Hao, K. (2013) "A novel automatic detection system for ECG Arrhythmias using maximum margin clustering with immune evolutionary algorithm," Computational and Mathematical Methods in Medicine, 2013, pp. 1-8. Disponível em: https://doi.org/10.1155/2013/453402. (Zhu et al., 2013)

45- Asgari, S., Mehrnia, A. e Moussavi, M. (2015) "Automatic detection of atrial fibrillation using stationary wavelet transform and support vetor machine," Computers in Biology and Medicine, 60, pp. 132-142. Disponível em: https:ZZdoi.orgZ10.1016Zi.compbiomed.2015.03.005. (Asgari et al., 2015)

46- Base de dados de arritmias do MIT-BIH, 3ª ed., Harvard-MIT Div. Health Sci. Technol., Cambridge, MA, 1997. (Base de dados de arritmias do MIT-BIH, 1997)

47- Deshmukh, S. (Versão 1.0, actualizada em 7 de julho de 2017) Extrator de características de ECG,
MathWorks. Disponível em:
https:ZZwww.mathworks.comZmatlabcentralZfileexchangeZ63645-ecg-feature- extrator Acedido: 3 de dezembro de 2022. (Deshmukh, Extrator de características ECG, 2017)

48- Validação cruzada (estatística) (2022) Wikipédia. Fundação Wikimedia.

Disponível em: https:ZZen.wikipedia.orgZwikiZCross-validation (statistics) Accessed: 7 de dezembro de 2022. (Cross-validation (statistics), 2022)

49- Ragan, A. (2018) Tirando a confusão das matrizes de confusão, Medium.
Towards Data Science. Disponível em: https:ZZtowardsdatascience.comZtaking- the-confusion-out-of-confusion-matrices-c1ce05453d3e Acedido:
8 de dezembro de 2022 (Ragan, 2018)

50- Loukas, S. (2020) Multi-class classification: Extraindo métricas de desempenho da matriz de confusão, Medium. Para a Ciência dos Dados. Disponível em: https:ZZtowardsdatascience.comZmulti-class-classification-extracting- performance-metrics-from-the-confusion-matrix-b379b427a872 Acedido: 8 de dezembro de 2022, (Loukas, 2020).

ANEXO

Código fonte MATLAB

```matlab
%%%%%%%%%%%%%%%%%%%%%%%%%%%%%%%%%%%%%%%%%%%%%%%%%%%%%%%%%%%%%%%%%%%%%%%%%%%%%%
%%%% EE 699 - Final Submission (Five classess)
%%%% Title of the project "ENHANCED COMPUTER-AIDED DIAGNOSIS SYSTEM FOR AUTOMATED
CLASSIFICATION OF CARDIAC ECG SIGNALS"
%%%% Name: Shadi Mohammed Obaid ID:2202480
%%%% Simple Code for feature extraction from ECG Arrhythmia data sets
%%%% The code should try to classify different ECG signals
%%%% Target is to design a system with the best diagnostic performance
%%%%
%%%% Look at "readme.txt" file for content description of data files
%%%%   simple description is in the comments below
%%%%%%%%%%%%%%%%%%%%%%%%%%%%%%%%%%%%%%%%%%%%%%%%%%%%%%%%%%%%%%%%%%%%%%%%%%%%%%

% Load all your learn/test data files
load 'Learndata1.mat'
load 'Testdata1.mat'
load 'Learndata2r.mat'          % resampled version of VF data
load 'Testdata2r.mat'           % resampled version of VF data

% check Workspace on Matlab to see that the following new variables:
% Learndata1: 256x1080
% Testdata1: 128x1080  % in my case it is 160x1080 (32 by five classess)
% Learndata2r: 64x1080
% Testdata2r: 32x1080
% 5 ECG types: normal, VCouplet, VTachy,VBigeminy,ventricular fibrillation

figure(1)
subplot(3,2,1)
plot(Learndata1(1,:))           % example normal signal
xlabel('Time Samples');
title('Normal ECG');
subplot(3,2,2)
plot(Learndata1(67,:))          % example VCouplet signal
xlabel('Time Samples');
title('Ventricular Couplet ECG');
subplot(3,2,3)
plot(Learndata1(132,:))         % example VTachy signal
xlabel('Time Samples');
title('Ventricular Tachycardia ECG');
subplot(3,2,4)
plot(Learndata1(199,:))         % example VBigeminy signal
xlabel('Time Samples');
title('Ventricular Bigeminy ECG');
subplot(3,2,5),
plot(Learndata2r(2,:))          % ventricular fibrillation sample
xlabel('Time Samples');
title('Ventricular Fibrillation ECG');
subplot(3,2,6)
plot(Learndata1(5,:))           % Another example normal signal
xlabel('Time Samples');
title('Another Normal ECG');
```

```matlab
% Here are four calssess, every class is 96 case with 33.33% for testing groups (32
case) and the rest for training (64 case)
% Class 1 must be Normal
Nsig_learn= Learndata1(1:64,:);      % first 64 signals are normal
Nsig_test= Testdata1(1:32,:);      % first 32 signals are normal
% Class 2: use any of the 4 arrhythmia types as your abnormal
%Swithcing Abnormal values;               %1=VC, 2=VT, 3=VB, 4= VF
for  ii = 65:257
 %   case 1,
        %%% use this to have VC as your abnormal class
        if ii <=128
        Abnormal = 1;
        Asig_learn=  Learndata1(Abnormal*64+1:(Abnormal+1)*64,:);      % second  64
signals are VC
        Asig_test=  Testdata1(Abnormal*32+1:(Abnormal+1)*32,:);          % second  32
signals are VC
        elseif (ii>=129 && ii <=192)
%    case 2,
        Abnormal = 2;
        %%% use this to have VT as your abnormal class
        Asig_learn1= Learndata1(Abnormal*64+1:(Abnormal+1)*64,:);       % third 64
signals are VT
        Asig_test1=  Testdata1(Abnormal*32+1:(Abnormal+1)*32,:);         % third 32
signals are VT
        elseif (ii>=193 && ii <=256)
 %    case 3,
        Abnormal = 3;
        %%% use this to have VB as your abnormal class
        Asig_learn2= Learndata1(Abnormal*64+1:(Abnormal+1)*64,:);        % fourth 64
signals are VB
        Asig_test2=  Testdata1(Abnormal*32+1:(Abnormal+1)*32,:);          % fourth 32
signals are VB
        else
  %   case 4,
        Abnormal = 4;
        %%% use this to have VF as your abnormal class
        Asig_learn3= Learndata2r;      % VF
        Asig_test3= Testdata2r;      % VF
        end

end

%%%%%%%%%%%%%%%%%%%%%%%%%%%%%%%%%%%%%%%%%%%%%%%%%%%%%%%%%%%%%%%%%%%%%%%%%%%%%%%%%%%%%%%
%%% Now we start the feature extraction process
%%% Feature vector must be 64xN for learn data and 32xN for test data
%%%%%%%%%%%%%%%%%%%%%%%%%%%%%%%%%%%%%%%%%%%%%%%%%%%%%%%%%%%%%%%%%%%%%%%%%%%%%%%%%%%%%%%

% init feature vectors
Nsig_lrn_feat= zeros(64,1);
Nsig_tst_feat= zeros(32,1);
Asig_lrn_feat= zeros(64,1);
Asig_tst_feat= zeros(32,1);
Asig_lrn_feat1= zeros(64,1);
Asig_tst_feat1= zeros(32,1);
Asig_lrn_feat2= zeros(64,1);
Asig_tst_feat2= zeros(32,1);
Asig_lrn_feat3= zeros(64,1);
Asig_tst_feat3= zeros(32,1);
```

```matlab
% True class membership  - 1=Normal , 2=VC 3=VT 4=VB 5=VF,
Nsig_lrn_class= zeros(64,1)+1;
Nsig_tst_class= zeros(32,1)+1;
Asig_lrn_class= zeros(64,1)+2;
Asig_tst_class= zeros(32,1)+2;
Asig_lrn_class1= zeros(64,1)+3;
Asig_tst_class1= zeros(32,1)+3;
Asig_lrn_class2= zeros(64,1)+4;
Asig_tst_class2= zeros(32,1)+4;
Asig_lrn_class3= zeros(64,1)+5;
Asig_tst_class3= zeros(32,1)+5;

%%%%%%%%%%%%%%%%%%%%%%%%%% Time Domain Features

%%% basic statistical features
% mean
Nsig_lrn_feat= mean(Nsig_learn,2);
Nsig_tst_feat= mean(Nsig_test,2);
Asig_lrn_feat= mean(Asig_learn,2);
Asig_tst_feat= mean(Asig_test,2);
Asig_lrn_feat1= mean(Asig_learn1,2);
Asig_tst_feat1= mean(Asig_test1,2);
Asig_lrn_feat2= mean(Asig_learn2,2);
Asig_tst_feat2= mean(Asig_test2,2);
Asig_lrn_feat3= mean(Asig_learn3,2);
Asig_tst_feat3= mean(Asig_test3,2);
% std dev
Nsig_lrn_feat= [Nsig_lrn_feat , std(Nsig_learn')'];
Nsig_tst_feat= [Nsig_tst_feat , std(Nsig_test')'];
Asig_lrn_feat= [Asig_lrn_feat , std(Asig_learn')'];
Asig_tst_feat= [Asig_tst_feat , std(Asig_test')'];
Asig_lrn_feat1= [Asig_lrn_feat1 , std(Asig_learn1')'];
Asig_tst_feat1= [Asig_tst_feat1 , std(Asig_test1')'];
Asig_lrn_feat2= [Asig_lrn_feat2 , std(Asig_learn2')'];
Asig_tst_feat2= [Asig_tst_feat2 , std(Asig_test2')'];
Asig_lrn_feat3= [Asig_lrn_feat3 , std(Asig_learn3')'];
Asig_tst_feat3= [Asig_tst_feat3 , std(Asig_test3')'];
% mean of derivative
Nsig_lrn_feat= [Nsig_lrn_feat , mean(abs(diff(Nsig_learn,1,2)),2)];
Nsig_tst_feat= [Nsig_tst_feat , mean(abs(diff(Nsig_test,1,2)),2)];
Asig_lrn_feat= [Asig_lrn_feat , mean(abs(diff(Asig_learn,1,2)),2)];
Asig_tst_feat= [Asig_tst_feat , mean(abs(diff(Asig_test,1,2)),2)];
Asig_lrn_feat1= [Asig_lrn_feat1 , mean(abs(diff(Asig_learn1,1,2)),2)];
Asig_tst_feat1= [Asig_tst_feat1 , mean(abs(diff(Asig_test1,1,2)),2)];
Asig_lrn_feat2= [Asig_lrn_feat2 , mean(abs(diff(Asig_learn2,1,2)),2)];
Asig_tst_feat2= [Asig_tst_feat2 , mean(abs(diff(Asig_test2,1,2)),2)];
Asig_lrn_feat3= [Asig_lrn_feat3 , mean(abs(diff(Asig_learn3,1,2)),2)];
Asig_tst_feat3= [Asig_tst_feat3 , mean(abs(diff(Asig_test3,1,2)),2)];
% std dev of derivative
Nsig_lrn_feat= [Nsig_lrn_feat , std(diff(Nsig_learn,1,2)')'];
Nsig_tst_feat= [Nsig_tst_feat , std(diff(Nsig_test,1,2)')'];
Asig_lrn_feat= [Asig_lrn_feat , std(diff(Asig_learn,1,2)')'];
Asig_tst_feat= [Asig_tst_feat , std(diff(Asig_test,1,2)')'];
Asig_lrn_feat1= [Asig_lrn_feat1 , std(diff(Asig_learn1,1,2)')'];
Asig_tst_feat1= [Asig_tst_feat1 , std(diff(Asig_test1,1,2)')'];
Asig_lrn_feat2= [Asig_lrn_feat2 , std(diff(Asig_learn2,1,2)')'];
Asig_tst_feat2= [Asig_tst_feat2 , std(diff(Asig_test2,1,2)')'];
Asig_lrn_feat3= [Asig_lrn_feat3 , std(diff(Asig_learn3,1,2)')'];
Asig_tst_feat3= [Asig_tst_feat3 , std(diff(Asig_test3,1,2)')'];
```

```matlab
%%%%%%%%%%%%%%%%%%%%%%%%%%%%%%%%%%%%%%%%%%%%%%%%%%%%%%%%%%%%%%%%%%%%%
%%%%%%%%%%%%%%%%% Added features by SHADI
%% Feaures of Nsig_learn
DD1=[];
for ii = 1:64
%% Removing lower frequencies
    samplingrate=360;
    fresult=fft(Nsig_learn(ii,:));
    fresult(1 : round(length(fresult)*5/samplingrate))=0;
    fresult(end - round(length(fresult)*5/samplingrate) : end)=0;
    corrected=real(ifft(fresult));
%% Filter - first pass
    WinSize = floor(samplingrate * 571 / 1000);
    if rem(WinSize,2)==0
        WinSize = WinSize+1;
    end
    filtered1=ecgdemowinmax(corrected, WinSize);

%% Scale an ecg
    peaks1=filtered1/(max(filtered1)/7);
    positions=find(peaks1);
    distance=positions(2)-positions(1);

%% Returns minimum distance between two peaks
    for data=1:1:length(positions)-1
       if positions(data+1)-positions(data)<distance
            distance=positions(data+1)-positions(data);
     end
     end
%
   %% Optimize filter window size
   QRdistance=floor(0.04*samplingrate);
   if rem(QRdistance,2)==0
       QRdistance=QRdistance+1;
   end
  WinSize=2*distance-QRdistance;

%% Filter - second pass
  filtered2=ecgdemowinmax(corrected, WinSize);
  peaks2=filtered2;

%% Plotting the HRV Heart Rate Variability
   [pks,locs]=find(peaks2);
%% Number of R-peaks
   num_R_peaks=length(pks);
   % Calculating Average Heart Rate
   time_in_sec=(WinSize/samplingrate);
   averageHeartRate(1)=(num_R_peaks/time_in_sec)*60;
   avgHR=averageHeartRate(1);
   positions2=find(peaks2);
    for count=1:1:length(positions2)-1
     dstnce(count)=positions2(count+1)-positions2(count); % average the dstance to
get average hrv in order to have one measure per window
      heartRate(count)=60*samplingrate/dstnce(count);
    end

%%Average HRV Calculation
   average_hrv=mean(dstnce);
```

```matlab
%%% HRV Parameters
%% note RRinterval=dstnce array
%extracting Mean R-R interval
    mean_rr_interval=sum(dstnce)/length(dstnce);
%
%Extracting Root Mean Square of the differences of successive R-R
%%interval
    square_dstnce=dstnce.^2;
     avg_square_dstnce=sum(square_dstnce)/length(square_dstnce);
     rmssd_this=sqrt(avg_square_dstnce);
%
%%Extracting number of consecutive R-R intervals that differ more than
%%50 ms
    m=0;
    for num=1:1:length(dstnce)-1
         if(dstnce(num+1)-dstnce(num)<50)
           m=m+1;
       end
     end
%
%%Extracting Percentage value of total consecutive RR interval that
%%differ more than 50ms
    percentage_nn50= ((m(1)/length(dstnce))*100);

    %Extracting Standard Deviation of RR interval series
   for num1=1:1:length(dstnce)
       sd1=mean_rr_interval-dstnce(num1);
    end
 sd2=sd1.^2;
 sd3=sum(sd2)/length(sd2);
 sd_final=sqrt(sd3);

    %Extracting Standard Dviation of Heart Rate
    for num2=1:1:length(heartRate)
        sd_heart1=averageHeartRate-heartRate(num2);
    end
    sd_heart2=sd_heart1.^2;
    sd_heart3=sum(sd_heart2)/length(sd_heart2);
    sd_heart_final=sqrt(sd_heart3);
%
%% Calculating Sample Entropy

    sampleEntropy(1) = SampEn( 2, 0.2,Nsig_learn(ii,:) , 1 );

%% Calculating Power Spectral density

%% Calculating Power Spectral Entropy
    Fs1=250; %sampling rate per second
    Ts1=1/Fs1;%sampling time interval in second
    t1=0:Ts1:1-Ts1; n1=length(t1);
    fresult1=fft(dstnce);
    sum_fresult1=0.0;
    for i=1:1:length(fresult1)-1
     sum_fresult1= sum_fresult1 + (abs(fresult1(i)));
    end
    fresult1=fresult1/sum_fresult1;
    entropy1=0.0;
    for i=1:1:length(fresult1)-1
     entropy1= entropy1+ abs(fresult1(i))*log(1/abs(fresult1(i)));
```

```matlab
    pse_rr=entropy1;
    end

    meanRR=mean_rr_interval;
    DD1                             (ii,:)                              =
[mean_rr_interval,rmssd_this,m,percentage_nn50,sd_final,sd_heart_final,sampleEntro
py,pse_rr,avgHR,average_hrv]


end
    SHADIF= [];
    i=1;
    c=1;
    SHADIF (:,c) = mean(Nsig_learn,2);
    Nsig_lrn_feat= [Nsig_lrn_feat , SHADIF];   % Trying to add features
    c=c+1;   % For loop could be used as well
    SHADIF (:,c) =  std(Nsig_learn')';
     Nsig_lrn_feat= [Nsig_lrn_feat , SHADIF];   % Trying to add features
    c=c+1;
    SHADIF (:,c) = std(Nsig_learn')'.^2;
    Nsig_lrn_feat= [Nsig_lrn_feat , SHADIF];   % Trying to add features
    c=c+1;
    SHADIF (:,c) =mode(Nsig_learn')';
     Nsig_lrn_feat= [Nsig_lrn_feat , SHADIF];   % Trying to add features
    c=c+1;
    SHADIF (:,c) =    var(Nsig_learn')';
    Nsig_lrn_feat= [Nsig_lrn_feat , SHADIF];   % Trying to add features
    c=c+1;
    SHADIF(:,(c:c+8)) = (quantile(Nsig_learn,[0.1 0.2 0.3 0.4 0.5 0.6 0.7 0.8
0.9],2));
    Nsig_lrn_feat= [Nsig_lrn_feat , SHADIF];
    c=c+1;
    SHADIF(:,(c:c+8)) = (prctile(Nsig_learn,[10 20 30 40 50 60 70 80 90],2));
    Nsig_lrn_feat= [Nsig_lrn_feat ,SHADIF];
    Nsig_lrn_feat= [Nsig_lrn_feat ,DD1];
    disp ('SHADI Features for Nsig_learn are ')
    disp (SHADIF)
%%%% features in one array, dimentions are nor the same, as mentioned aboove by
Prof. The size of featre vectore shculd be 64 by N
%%%%%%%%%%%%%%%%%%%%%%%%%%%%%%%%%%%%%%%%%%%%%%%%%%%% END OF FIRST GROUP

%% Feaures of Nsig_test
DD2=[];
for ii = 1:32;
%% Removing lower frequencies
    samplingrate=360;
    fresult=fft(Nsig_test(ii,:));
    fresult(1 : round(length(fresult)*5/samplingrate))=0;
    fresult(end - round(length(fresult)*5/samplingrate) : end)=0;
    corrected=real(ifft(fresult));
%% Filter - first pass
    WinSize = floor(samplingrate * 571 / 1000);
    if rem(WinSize,2)==0
        WinSize = WinSize+1;
    end
    filtered1=ecgdemowinmax(corrected, WinSize);

%% Scale an ecg
    peaks1=filtered1/(max(filtered1)/7);
```

```matlab
    positions=find(peaks1);
    distance=positions(2)-positions(1);

%% Returns minimum distance between two peaks
    for data=1:1:length(positions)-1
        if positions(data+1)-positions(data)<distance
            distance=positions(data+1)-positions(data);
      end
      end
%
    %% Optimize filter window size
    QRdistance=floor(0.04*samplingrate);
    if rem(QRdistance,2)==0
        QRdistance=QRdistance+1;
    end
  WinSize=2*distance-QRdistance;

%% Filter - second pass
  filtered2=ecgdemowinmax(corrected, WinSize);
  peaks2=filtered2;

%% Plotting the HRV Heart Rate Variability
   [pks,locs]=find(peaks2);
%% Number of R-peaks
   num_R_peaks=length(pks);
   % Calculating Average Heart Rate
   time_in_sec=(WinSize/samplingrate);
   averageHeartRate(1)=(num_R_peaks/time_in_sec)*60;
   avgHR=averageHeartRate(1);
   positions2=find(peaks2);
    for count=1:1:length(positions2)-1
      dstnce(count)=positions2(count+1)-positions2(count); % average the dstance to
get average hrv in order to have one measure per window
        heartRate(count)=60*samplingrate/dstnce(count);
     end

%%Average HRV Calculation
   average_hrv=mean(dstnce);

%%% HRV Parameters
%% note RRinterval=dstnce array
%extracting Mean R-R interval
   mean_rr_interval=sum(dstnce)/length(dstnce);
%
%Extracting Root Mean Square of the differences of successive R-R
%%interval
   square_dstnce=dstnce.^2;
   avg_square_dstnce=sum(square_dstnce)/length(square_dstnce);
   rmssd_this=sqrt(avg_square_dstnce);
%
%%Extracting number of consecutive R-R intervals that differ more than
%%50 ms
   m=0;
   for num=1:1:length(dstnce)-1
        if(dstnce(num+1)-dstnce(num)<50)
          m=m+1;
       end
    end
%
```

```matlab
%%Extracting Percentage value of total consecutive RR interval that
%%differ more than 50ms
    percentage_nn50= ((m(1)/length(dstnce))*100);

    %Extracting Standard Deviation of RR interval series
   for num1=1:1:length(dstnce)
       sd1=mean_rr_interval-dstnce(num1);
    end
 sd2=sd1.^2;
 sd3=sum(sd2)/length(sd2);
 sd_final=sqrt(sd3);

    %Extracting Standard Dviation of Heart Rate
    for num2=1:1:length(heartRate)
       sd_heart1=averageHeartRate-heartRate(num2);
   end
   sd_heart2=sd_heart1.^2;
   sd_heart3=sum(sd_heart2)/length(sd_heart2);
   sd_heart_final=sqrt(sd_heart3);
%
%% Calculating Sample Entropy

   sampleEntropy(1) = SampEn( 2, 0.2,Nsig_test(ii,:) , 1 );

%% Calculating Power Spectral density

%% Calculating Power Spectral Entropy
   Fs1=250; %sampling rate per second
   Ts1=1/Fs1;%sampling time interval in second
   t1=0:Ts1:1-Ts1; n1=length(t1);
   fresult1=fft(dstnce);
   sum_fresult1=0.0;
   for i=1:1:length(fresult1)-1
    sum_fresult1= sum_fresult1 + (abs(fresult1(i)));
   end
   fresult1=fresult1/sum_fresult1;
   entropy1=0.0;
   for i=1:1:length(fresult1)-1
    entropy1= entropy1+ abs(fresult1(i))*log(1/abs(fresult1(i)));
    pse_rr=entropy1;
   end
    meanRR=mean_rr_interval;
   DD2                              (ii,:)                                    =
[mean_rr_interval,rmssd_this,m,percentage_nn50,sd_final,sd_heart_final,sampleEntro
py,pse_rr,avgHR,average_hrv];
end
   SHADIF2= [];
   i=1;
   c=1;
   SHADIF2 (:,c) = mean(Nsig_test,2);
   Nsig_tst_feat= [Nsig_tst_feat , SHADIF2];   % Trying to add features
   c=c+1;   % For loop could be used as well
   SHADIF2 (:,c) =  std(Nsig_test')';
   Nsig_tst_feat= [Nsig_tst_feat , SHADIF2];   % Trying to add features
   c=c+1;
   SHADIF2 (:,c) = std(Nsig_test')'.^2;
   Nsig_tst_feat= [Nsig_tst_feat , SHADIF2]; % Trying to add features
   c=c+1;
   SHADIF2 (:,c) =mode(Nsig_test')';
```

```matlab
    Nsig_tst_feat= [Nsig_tst_feat , SHADIF2];    % Trying to add features
    c=c+1;
    SHADIF2 (:,c) =    var(Nsig_test')';
    Nsig_tst_feat= [Nsig_tst_feat , SHADIF2];    % Trying to add features
    c=c+1;
    SHADIF2(:,(c:c+8)) = (quantile(Nsig_test,[0.1 0.2 0.3 0.4 0.5 0.6 0.7 0.8
0.9],2));
    Nsig_tst_feat= [Nsig_tst_feat , SHADIF2];
    c=c+1;
    SHADIF2(:,(c:c+8)) = (prctile(Nsig_test,[10 20 30 40 50 60 70 80 90],2));
    Nsig_tst_feat= [Nsig_tst_feat , SHADIF2];
  Nsig_tst_feat= [Nsig_tst_feat , DD2];
    disp ('SHADI Features for Nsig_tst are ')
    disp (SHADIF2)
%%%% features in one array, dimentions are nor the same, as mentioned aboove by
Prof. The size of featre vectore should be 64 by N
%%%%%%%%%%%%%%%%%%%%%%%%%%%%%%%%%%%%%%%%%%%%%%%% END OF SECOND GROUP

%% Feaures of Asig_learn
DD3=[];
for ii=1:64;
%% Removing lower frequencies
    samplingrate=360;
    fresult=fft(Asig_learn(ii,:));
    fresult(1 : round(length(fresult)*5/samplingrate))=0;
    fresult(end - round(length(fresult)*5/samplingrate) : end)=0;
    corrected=real(ifft(fresult));
%% Filter - first pass
    WinSize = floor(samplingrate * 571 / 1000);
    if rem(WinSize,2)==0
        WinSize = WinSize+1;
    end
    filtered1=ecgdemowinmax(corrected, WinSize);

%% Scale an ecg
    peaks1=filtered1/(max(filtered1)/7);
    positions=find(peaks1);
    distance=positions(2)-positions(1);

%% Returns minimum distance between two peaks
    for data=1:1:length(positions)-1
        if positions(data+1)-positions(data)<distance
            distance=positions(data+1)-positions(data);
    end
    end
%
  %% Optimize filter window size
  QRdistance=floor(0.04*samplingrate);
  if rem(QRdistance,2)==0
      QRdistance=QRdistance+1;
  end
  WinSize=2*distance-QRdistance;

%% Filter - second pass
  filtered2=ecgdemowinmax(corrected, WinSize);
  peaks2=filtered2;

%% Plotting the HRV Heart Rate Variability
    [pks,locs]=find(peaks2);
```

```matlab
%% Number of R-peaks
    num_R_peaks=length(pks);
    % Calculating Average Heart Rate
    time_in_sec=(WinSize/samplingrate);
    averageHeartRate(1)=(num_R_peaks/time_in_sec)*60;
    avgHR=averageHeartRate(1);
    positions2=find(peaks2);
     for count=1:1:length(positions2)-1
      dstnce(count)=positions2(count+1)-positions2(count); % average the dstance to
get average hrv in order to have one measure per window
         heartRate(count)=60*samplingrate/dstnce(count);
      end


%%Average HRV Calculation
   average_hrv=mean(dstnce);


%%% HRV Parameters
%% note RRinterval=dstnce array
%extracting Mean R-R interval
   mean_rr_interval=sum(dstnce)/length(dstnce);
%
%Extracting Root Mean Square of the differences of successive R-R
%%interval
   square_dstnce=dstnce.^2;
    avg_square_dstnce=sum(square_dstnce)/length(square_dstnce);
    rmssd_this=sqrt(avg_square_dstnce);
%
%%Extracting number of consecutive R-R intervals that differ more than
%%50 ms
    m=0;
    for num=1:1:length(dstnce)-1
        if(dstnce(num+1)-dstnce(num)<50)
            m=m+1;
        end
     end
%
%%Extracting Percentage value of total consecutive RR interval that
%%differ more than 50ms
    percentage_nn50= ((m(1)/length(dstnce))*100);

    %Extracting Standard Deviation of RR interval series
   for num1=1:1:length(dstnce)
       sd1=mean_rr_interval-dstnce(num1);
   end
 sd2=sd1.^2;
 sd3=sum(sd2)/length(sd2);
 sd_final=sqrt(sd3);

    %Extracting Standard Dviation of Heart Rate
   for num2=1:1:length(heartRate)
       sd_heart1=averageHeartRate-heartRate(num2);
   end
   sd_heart2=sd_heart1.^2;
   sd_heart3=sum(sd_heart2)/length(sd_heart2);
   sd_heart_final=sqrt(sd_heart3);
%
%% Calculating Sample Entropy

   sampleEntropy(1) = SampEn( 2, 0.2,Asig_learn (ii,:) , 1 );
```

```matlab
%% Calculating Power Spectral density

%% Calculating Power Spectral Entropy
    Fs1=250; %sampling rate per second
    Ts1=1/Fs1;%sampling time interval in second
    t1=0:Ts1:1-Ts1; n1=length(t1);
    fresult1=fft(dstnce);
    sum_fresult1=0.0;
    for i=1:1:length(fresult1)-1
     sum_fresult1= sum_fresult1 + (abs(fresult1(i)));
    end
    fresult1=fresult1/sum_fresult1;
    entropy1=0.0;
    for i=1:1:length(fresult1)-1
     entropy1= entropy1+ abs(fresult1(i))*log(1/abs(fresult1(i)));
     pse_rr=entropy1;
    end
     meanRR=mean_rr_interval;
    DD3                          (ii,:)                          =
[mean_rr_interval,rmssd_this,m,percentage_nn50,sd_final,sd_heart_final,sampleEntro
py,pse_rr,avgHR,average_hrv];


end
    SHADIF3=[];
    i=1;
    c=1;
    SHADIF3 (:,c) = mean(Asig_learn,2);
    Asig_lrn_feat= [Asig_lrn_feat , SHADIF3];    % Trying to add features
    c=c+1;   % For loop could be used as well
    SHADIF3 (:,c) =  std(Asig_learn')';
    Asig_lrn_feat= [Asig_lrn_feat , SHADIF3];   % Trying to add features
    c=c+1;
    SHADIF3 (:,c) = std(Asig_learn')'.^2;
    Asig_lrn_feat= [Asig_lrn_feat , SHADIF3];  % Trying to add features
    c=c+1;
    SHADIF3 (:,c) =mode(Asig_learn')';
    Asig_lrn_feat= [Asig_lrn_feat , SHADIF3];   % Trying to add features
    c=c+1;
    SHADIF3 (:,c) =    var(Asig_learn')';
    Asig_lrn_feat= [Asig_lrn_feat , SHADIF3];  % Trying to add features
    c=c+1;
   SHADIF3(:,(c:c+8)) = (quantile(Asig_learn,[0.1 0.2 0.3 0.4 0.5 0.6 0.7 0.8
0.9],2));
  Asig_lrn_feat= [Asig_lrn_feat , SHADIF3];
   c=c+1;
   SHADIF3(:,(c:c+8)) = (prctile(Asig_learn,[10 20 30 40 50 60 70 80 90],2));
   Asig_lrn_feat= [Asig_lrn_feat , SHADIF3];
   Asig_lrn_feat= [Asig_lrn_feat , DD3];
    disp ('SHADI Features for Asig_learn are ')
    disp (SHADIF3)
%%%% features in one array, dimentions are nor the same, as mentioned aboove by
Prof. The size of featre vectore should be 64 by N
%%%%%%%%%%%%%%%%%%%%%%%%%%%%%%%%%%%%%%%%%%%%%%%%% END OF THIRD GROUP

%% Feaures of Asig_test
DD4=[];
for ii = 1:32
```

```matlab
%% Removing lower frequencies
   samplingrate=360;
   fresult=fft(Asig_test(ii,:));
   fresult(1 : round(length(fresult)*5/samplingrate))=0;
   fresult(end - round(length(fresult)*5/samplingrate) : end)=0;
   corrected=real(ifft(fresult));
%% Filter - first pass
   WinSize = floor(samplingrate * 571 / 1000);
   if rem(WinSize,2)==0
        WinSize = WinSize+1;
   end
   filtered1=ecgdemowinmax(corrected, WinSize);

%% Scale an ecg
    peaks1=filtered1/(max(filtered1)/7);
    positions=find(peaks1);
    distance=positions(2)-positions(1);

%% Returns minimum distance between two peaks
    for data=1:1:length(positions)-1
        if positions(data+1)-positions(data)<distance
            distance=positions(data+1)-positions(data);
      end
      end
%
   %% Optimize filter window size
   QRdistance=floor(0.04*samplingrate);
   if rem(QRdistance,2)==0
        QRdistance=QRdistance+1;
   end
  WinSize=2*distance-QRdistance;

%% Filter - second pass
  filtered2=ecgdemowinmax(corrected, WinSize);
  peaks2=filtered2;

%% Plotting the HRV Heart Rate Variability
   [pks,locs]=find(peaks2);
%% Number of R-peaks
   num_R_peaks=length(pks);
   % Calculating Average Heart Rate
   time_in_sec=(WinSize/samplingrate);
   averageHeartRate(1)=(num_R_peaks/time_in_sec)*60;
   avgHR=averageHeartRate(1);
   positions2=find(peaks2);
    for count=1:1:length(positions2)-1
     dstnce(count)=positions2(count+1)-positions2(count); % average the dstance to
get average hrv in order to have one measure per window
        heartRate(count)=60*samplingrate/dstnce(count);
     end

%%Average HRV Calculation
   average_hrv=mean(dstnce);

%%% HRV Parameters
%% note RRinterval=dstnce array
%extracting Mean R-R interval
   mean_rr_interval=sum(dstnce)/length(dstnce);
%
```

```matlab
%Extracting Root Mean Square of the differences of successive R-R
%%interval
    square_dstnce=dstnce.^2;
     avg_square_dstnce=sum(square_dstnce)/length(square_dstnce);
     rmssd_this=sqrt(avg_square_dstnce);
%
%%Extracting number of consecutive R-R intervals that differ more than
%%50 ms
    m=0;
    for num=1:1:length(dstnce)-1
         if(dstnce(num+1)-dstnce(num)<50)
            m=m+1;
        end
     end
%
%%Extracting Percentage value of total consecutive RR interval that
%%differ more than 50ms
    percentage_nn50= ((m(1)/length(dstnce))*100);

    %Extracting Standard Deviation of RR interval series
   for num1=1:1:length(dstnce)
       sd1=mean_rr_interval-dstnce(num1);
    end
 sd2=sd1.^2;
 sd3=sum(sd2)/length(sd2);
 sd_final=sqrt(sd3);

    %Extracting Standard Dviation of Heart Rate
    for num2=1:1:length(heartRate)
       sd_heart1=averageHeartRate-heartRate(num2);
   end
    sd_heart2=sd_heart1.^2;
    sd_heart3=sum(sd_heart2)/length(sd_heart2);
    sd_heart_final=sqrt(sd_heart3);
%
%% Calculating Sample Entropy

    sampleEntropy(1) = SampEn( 2, 0.2,Asig_test (ii,:), 1 );

%% Calculating Power Spectral density

%% Calculating Power Spectral Entropy
    Fs1=250; %sampling rate per second
    Ts1=1/Fs1;%sampling time interval in second
    t1=0:Ts1:1-Ts1; n1=length(t1);
    fresult1=fft(dstnce);
    sum_fresult1=0.0;
    for i=1:1:length(fresult1)-1
     sum_fresult1= sum_fresult1 + (abs(fresult1(i)));
    end
    fresult1=fresult1/sum_fresult1;
    entropy1=0.0;
    for i=1:1:length(fresult1)-1
     entropy1= entropy1+ abs(fresult1(i))*log(1/abs(fresult1(i)));
     pse_rr=entropy1;
    end
    meanRR=mean_rr_interval;
```

```matlab
    DD4                            (ii,:)                                    =
[mean_rr_interval,rmssd_this,m,percemtage_nn50,sd_final,sd_heart_final,sampleEntro
py,pse_rr,avgHR,average_hrv];
end
 SHADIF4= [];
   i=1;
   c=1;
   SHADIF4 (:,c) = mean(Asig_test,2);
   Asig_tst_feat= [Asig_tst_feat , SHADIF4];    % Trying to add features
   c=c+1;   % For loop could be used as well
   SHADIF4 (:,c) =  std(Asig_test')';
    Asig_tst_feat= [Asig_tst_feat , SHADIF4];    % Trying to add features
   c=c+1;
   SHADIF4 (:,c) = std(Asig_test')'.^2;
    Asig_tst_feat= [Asig_tst_feat , SHADIF4]; % Trying to add features
   c=c+1;
   SHADIF4 (:,c) =mode(Asig_test')';
    Asig_tst_feat= [Asig_tst_feat , SHADIF4];    % Trying to add features
   c=c+1;
   SHADIF4 (:,c) =     var(Asig_test')';
    Asig_tst_feat= [Asig_tst_feat , SHADIF4];  % Trying to add features
   c=c+1;
   SHADIF4(:,(c:c+8)) = (quantile(Asig_test,[0.1 0.2 0.3 0.4 0.5 0.6 0.7 0.8
0.9],2));
    Asig_tst_feat= [Asig_tst_feat , SHADIF4];
   c=c+1;
   SHADIF4(:,(c:c+8)) = (prctile(Asig_test,[10 20 30 40 50 60 70 80 90],2));
    Asig_tst_feat= [Asig_tst_feat , SHADIF4];
    Asig_tst_feat= [Asig_tst_feat , DD4];
    disp ('SHADI Features for Asig_tst are ')
    disp (SHADIF4)
%%%% features in one array, dimentions are nor the same, as mentioned aboove by
Prof. The size of featre vectore should be 64 by N
%%%%%%%%%%%%%%%%%%%%%%%%%%%%%%%%%%%%%%%%%%%%% END OF FOURTH GROUP


%% Feaures of Asig_learn1
DD5=[];
for ii =1:64
%% Removing lower frequencies
   samplingrate=360;
   fresult=fft(Asig_learn1(ii,:));
   fresult(1 : round(length(fresult)*5/samplingrate))=0;
   fresult(end - round(length(fresult)*5/samplingrate) : end)=0;
   corrected=real(ifft(fresult));
%% Filter - first pass
   WinSize = floor(samplingrate * 571 / 1000);
   if rem(WinSize,2)==0
        WinSize = WinSize+1;
   end
   filtered1=ecgdemowinmax(corrected, WinSize);

%% Scale an ecg
    peaks1=filtered1/(max(filtered1)/7);
    positions=find(peaks1);
    distance=positions(2)-positions(1);

%% Returns minimum distance between two peaks
    for data=1:1:length(positions)-1
        if positions(data+1)-positions(data)<distance
```

```matlab
                distance=positions(data+1)-positions(data);
        end
      end
%
    %% Optimize filter window size
    QRdistance=floor(0.04*samplingrate);
    if rem(QRdistance,2)==0
        QRdistance=QRdistance+1;
    end
  WinSize=2*distance-QRdistance;

%% Filter - second pass
  filtered2=ecgdemowinmax(corrected, WinSize);
  peaks2=filtered2;

%% Plotting the HRV Heart Rate Variability
    [pks,locs]=find(peaks2);
%% Number of R-peaks
    num_R_peaks=length(pks);
    % Calculating Average Heart Rate
    time_in_sec=(WinSize/samplingrate);
    averageHeartRate(1)=(num_R_peaks/time_in_sec)*60;
    avgHR=averageHeartRate(1);
    positions2=find(peaks2);
     for count=1:1:length(positions2)-1
      dstnce(count)=positions2(count+1)-positions2(count); % average the dstance to
get average hrv in order to have one measure per window
        heartRate(count)=60*samplingrate/dstnce(count);
     end

%%Average HRV Calculation
    average_hrv=mean(dstnce);

%%% HRV Parameters
%% note RRinterval=dstnce array
%extracting Mean R-R interval
    mean_rr_interval=sum(dstnce)/length(dstnce);
%
%Extracting Root Mean Square of the differences of successive R-R
%%interval
    square_dstnce=dstnce.^2;
     avg_square_dstnce=sum(square_dstnce)/length(square_dstnce);
     rmssd_this=sqrt(avg_square_dstnce);
%
%%Extracting number of consecutive R-R intervals that differ more than
%%50 ms
    m=0;
    for num=1:1:length(dstnce)-1
         if(dstnce(num+1)-dstnce(num)<50)
            m=m+1;
         end
      end
%
%%Extracting Percentage value of total consecutive RR interval that
%%differ more than 50ms
    percentage_nn50= ((m(1)/length(dstnce))*100);

    %Extracting Standard Deviation of RR interval series
    for num1=1:1:length(dstnce)
```

```matlab
        sd1=mean_rr_interval-dstnce(num1);
     end
  sd2=sd1.^2;
  sd3=sum(sd2)/length(sd2);
  sd_final=sqrt(sd3);

     %Extracting Standard Dviation of Heart Rate
     for num2=1:1:length(heartRate)
         sd_heart1=averageHeartRate-heartRate(num2);
    end
     sd_heart2=sd_heart1.^2;
     sd_heart3=sum(sd_heart2)/length(sd_heart2);
     sd_heart_final=sqrt(sd_heart3);
%
%% Calculating Sample Entropy

    sampleEntropy(1) = SampEn( 2, 0.2,Asig_learn1(ii,:) , 1 );

%% Calculating Power Spectral density

%% Calculating Power Spectral Entropy
     Fs1=250; %sampling rate per second
     Ts1=1/Fs1;%sampling time interval in second
     t1=0:Ts1:1-Ts1; n1=length(t1);
     fresult1=fft(dstnce);
     sum_fresult1=0.0;
     for i=1:1:length(fresult1)-1
      sum_fresult1= sum_fresult1 + (abs(fresult1(i)));
     end
     fresult1=fresult1/sum_fresult1;
     entropy1=0.0;
     for i=1:1:length(fresult1)-1
      entropy1= entropy1+ abs(fresult1(i))*log(1/abs(fresult1(i)));
      pse_rr=entropy1;
     end
      meanRR=mean_rr_interval;
     DD5                              (ii,:)                                =
[mean_rr_interval,rmssd_this,m,percentage_nn50,sd_final,sd_heart_final,sampleEntro
py,pse_rr,avgHR,average_hrv];
end
    SHADIF33= [];
    i=1;
    c=1;
    SHADIF33 (:,c) = mean(Asig_learn1,2);
    Asig_lrn_feat1= [Asig_lrn_feat1 , SHADIF33];   % Trying to add features
    c=c+1;   % For loop could be used as well
    SHADIF33 (:,c) =  std(Asig_learn1')';
    Asig_lrn_feat1= [Asig_lrn_feat1 , SHADIF33];   % Trying to add features
    c=c+1;
    SHADIF33 (:,c) = std(Asig_learn1')'.^2;
    Asig_lrn_feat1= [Asig_lrn_feat1 , SHADIF33];   % Trying to add features
    c=c+1;
    SHADIF33 (:,c) =mode(Asig_learn1')';
    Asig_lrn_feat1= [Asig_lrn_feat1 , SHADIF33];   % Trying to add features
    c=c+1;
    SHADIF33 (:,c) =    var(Asig_learn1')';
    Asig_lrn_feat1= [Asig_lrn_feat1 , SHADIF33];   % Trying to add features
    c=c+1;
```

```matlab
    SHADIF33(:,(c:c+8)) = (quantile(Asig_learn1,[0.1 0.2 0.3 0.4 0.5 0.6 0.7 0.8 0.9],2));
  Asig_lrn_feat1= [Asig_lrn_feat1 , SHADIF33];
    c=c+1;
    SHADIF33(:,(c:c+8)) = (prctile(Asig_learn1,[10 20 30 40 50 60 70 80 90],2));
    Asig_lrn_feat1= [Asig_lrn_feat1 , SHADIF33];
     Asig_lrn_feat1= [Asig_lrn_feat1 , DD5];
     disp ('SHADI Features for Asig_learn1 are ')
     disp (SHADIF33)
%%%% features in one array, dimentions are nor the same, as mentioned aboove by
Prof. The size of featre vectore should be 64 by N
%%%%%%%%%%%%%%%%%%%%%%%%%%%%%%%%%%%%%%%%% END OF FIFTH GROUP

%% Feaures of Asig_test1
DD6=[];
for ii =1:32
%% Removing lower frequencies
    samplingrate=360;
    fresult=fft(Asig_test1(ii,:));
    fresult(1 : round(length(fresult)*5/samplingrate))=0;
    fresult(end - round(length(fresult)*5/samplingrate) : end)=0;
    corrected=real(ifft(fresult));
%% Filter - first pass
    WinSize = floor(samplingrate * 571 / 1000);
    if rem(WinSize,2)==0
        WinSize = WinSize+1;
    end
    filtered1=ecgdemowinmax(corrected, WinSize);

%% Scale an ecg
    peaks1=filtered1/(max(filtered1)/7);
    positions=find(peaks1);
    distance=positions(2)-positions(1);

%% Returns minimum distance between two peaks
    for data=1:1:length(positions)-1
      if positions(data+1)-positions(data)<distance
            distance=positions(data+1)-positions(data);
     end
     end
%
   %% Optimize filter window size
   QRdistance=floor(0.04*samplingrate);
   if rem(QRdistance,2)==0
       QRdistance=QRdistance+1;
   end
  WinSize=2*distance-QRdistance;

%% Filter - second pass
  filtered2=ecgdemowinmax(corrected, WinSize);
  peaks2=filtered2;

%% Plotting the HRV Heart Rate Variability
   [pks,locs]=find(peaks2);
%% Number of R-peaks
   num_R_peaks=length(pks);
    % Calculating Average Heart Rate
    time_in_sec=(WinSize/samplingrate);
    averageHeartRate(1)=(num_R_peaks/time_in_sec)*60;
```

```matlab
    avgHR=averageHeartRate(1);
    positions2=find(peaks2);
     for count=1:1:length(positions2)-1
       dstnce(count)=positions2(court+1)-positions2(count); % average the dstance to
get average hrv in order to have ore measure per window
         heartRate(count)=60*samplirgrate/dstnce(count);
     end

%%Average HRV Calculation
    average_hrv=mean(dstnce);

%%% HRV Parameters
%% note RRinterval=dstnce array
%extracting Mean R-R interval
    mean_rr_interval=sum(dstnce)/lergth(dstnce);
%
%Extracting Root Mean Square of the differences of successive R-R
%%interval
    square_dstnce=dstnce.^2;
     avg_square_dstnce=sum(square_dstnce)/length(square_dstnce);
     rmssd_this=sqrt(avg_square_dstrce);
%
%%Extracting number of consecutive R-R intervals that differ more than
%%50 ms
    m=0;
    for num=1:1:length(dstnce)-1
         if(dstnce(num+1)-dstnce(num)<50)
            m=m+1;
         end
      end
%
%%Extracting Percentage value of tctal consecutive RR interval that
%%differ more than 50ms
    percentage_nn50= ((m(1)/length(dstnce))*100);

    %Extracting Standard Deviation of RR interval series
   for num1=1:1:length(dstnce)
       sd1=mean_rr_interval-dstnce(num1);
    end
 sd2=sd1.^2;
 sd3=sum(sd2)/length(sd2);
 sd_final=sqrt(sd3);

    %Extracting Standard Dviation of Heart Rate
    for num2=1:1:length(heartRate)
        sd_heart1=averageHeartRate-heartRate(num2);
   end
    sd_heart2=sd_heart1.^2;
    sd_heart3=sum(sd_heart2)/lengtr(sd_heart2);
    sd_heart_final=sqrt(sd_heart3);
%
%% Calculating Sample Entropy

    sampleEntropy(1) = SampEn( 2, 0.2,Asig_test1 (ii,:), 1 );

%% Calculating Power Spectral density

%% Calculating Power Spectral Entrcpy
    Fs1=250; %sampling rate per second
```

```matlab
    Ts1=1/Fs1;%sampling time interval in second
    t1=0:Ts1:1-Ts1; n1=length(t1);
    fresult1=fft(dstnce);
    sum_fresult1=0.0;
    for i=1:1:length(fresult1)-1
     sum_fresult1= sum_fresult1 + (abs(fresult1(i)));
    end
    fresult1=fresult1/sum_fresult1;
    entropy1=0.0;
    for i=1:1:length(fresult1)-1
     entropy1= entropy1+ abs(fresult1(i))*log(1/abs(fresult1(i)));
     pse_rr=entropy1;
    end
      meanRR=mean_rr_interval;
    DD6                              (ii,:)                                =
[mean_rr_interval,rmssd_this,m,percentage_nn50,sd_final,sd_heart_final,sampleEntro
py,pse_rr,avgHR,average_hrv];
end
   SHADIF44= [];
   i=1;
   c=1;
   SHADIF44 (:,c) = mean(Asig_test1,2);
   Asig_tst_feat1= [Asig_tst_feat1 , SHADIF44];    % Trying to add features
   c=c+1;   % For loop could be used as well
   SHADIF44 (:,c) =  std(Asig_test1')';
    Asig_tst_feat1= [Asig_tst_feat1 , SHADIF44];    % Trying to add features
   c=c+1;
   SHADIF44 (:,c) = std(Asig_test1')'.^2;
    Asig_tst_feat1= [Asig_tst_feat1 , SHADIF44]; % Trying to add features
   c=c+1;
   SHADIF44 (:,c) =mode(Asig_test1')';
    Asig_tst_feat1= [Asig_tst_feat1 , SHADIF44];    % Trying to add features
   c=c+1;
   SHADIF44 (:,c) =    var(Asig_test1')';
    Asig_tst_feat1= [Asig_tst_feat1 , SHADIF44];  % Trying to add features
   c=c+1;
   SHADIF44(:,(c:c+8)) = (quantile(Asig_test1,[0.1 0.2 0.3 0.4 0.5 0.6 0.7 0.8
0.9],2));
    Asig_tst_feat1= [Asig_tst_feat1 , SHADIF44];
   c=c+1;
   SHADIF44(:,(c:c+8)) = (prctile(Asig_test1,[10 20 30 40 50 60 70 80 90],2));
    Asig_tst_feat1= [Asig_tst_feat1 , SHADIF44];
    Asig_tst_feat1= [Asig_tst_feat1 , DD6];
    disp ('SHADI Features for Asig_tst1 are ')
    disp (SHADIF44)
%%%% features in one array, dimentions are nor the same, as mentioned aboove by
Prof. The size of featre vectore should be 64 by N
%%%%%%%%%%%%%%%%%%%%%%%%%%%%%%%%%%%%%%%%%%%%%%% END OF SIXTH GROUP

%% Feaures of Asig_learn2
DD7=[];
for ii=1:64
%% Removing lower frequencies
   samplingrate=360;
   fresult=fft(Asig_learn2(ii,:));
   fresult(1 : round(length(fresult)*5/samplingrate))=0;
   fresult(end - round(length(fresult)*5/samplingrate) : end)=0;
   corrected=real(ifft(fresult));
%% Filter - first pass
```

```matlab
    WinSize = floor(samplingrate * 571 / 1000);
    if rem(WinSize,2)==0
        WinSize = WinSize+1;
    end
    filtered1=ecgdemowinmax(corrected, WinSize);

%% Scale an ecg
    peaks1=filtered1/(max(filtered1)/7);
    positions=find(peaks1);
    distance=positions(2)-positions(1);

%% Returns minimum distance between two peaks
    for data=1:1:length(positions)-1
        if positions(data+1)-positions(data)<distance
            distance=positions(data+1)-positions(data);
     end
     end
%
   %% Optimize filter window size
   QRdistance=floor(0.04*samplingrate);
   if rem(QRdistance,2)==0
        QRdistance=QRdistance+1;
   end
  WinSize=2*distance-QRdistance;

%% Filter - second pass
  filtered2=ecgdemowinmax(corrected, WinSize);
  peaks2=filtered2;

%% Plotting the HRV Heart Rate Variability
   [pks,locs]=find(peaks2);
%% Number of R-peaks
   num_R_peaks=length(pks);
   % Calculating Average Heart Rate
   time_in_sec=(WinSize/samplingrate);
   averageHeartRate(1)=(num_R_peaks/time_in_sec)*60;
   avgHR=averageHeartRate(1);
   positions2=find(peaks2);
    for count=1:1:length(positions2)-1
     dstnce(count)=positions2(count+1)-positions2(count); % average the dstance to
get average hrv in order to have one measure per window
        heartRate(count)=60*samplingrate/dstnce(count);
    end

%%Average HRV Calculation
   average_hrv=mean(dstnce);

%%% HRV Parameters
%% note RRinterval=dstnce array
%extracting Mean R-R interval
   mean_rr_interval=sum(dstnce)/length(dstnce);
%
%Extracting Root Mean Square of the differences of successive R-R
%%interval
   square_dstnce=dstnce.^2;
    avg_square_dstnce=sum(square_dstnce)/length(square_dstnce);
    rmssd_this=sqrt(avg_square_dstnce);
%
%%Extracting number of consecutive R-R intervals that differ more than
```

```matlab
%%50 ms
    m=0;
    for num=1:1:length(dstnce)-1
         if(dstnce(num+1)-dstnce(num)<50)
            m=m+1;
         end
      end
%
%%Extracting Percentage value of total consecutive RR interval that
%%differ more than 50ms
    percentage_nn50= ((m(1)/length(dstnce))*100);

    %Extracting Standard Deviation of RR interval series
   for num1=1:1:length(dstnce)
        sd1=mean_rr_interval-dstnce(num1);
    end
 sd2=sd1.^2;
 sd3=sum(sd2)/length(sd2);
 sd_final=sqrt(sd3);

   %Extracting Standard Dviation of Heart Rate
    for num2=1:1:length(heartRate)
        sd_heart1=averageHeartRate-heartRate(num2);
   end
   sd_heart2=sd_heart1.^2;
   sd_heart3=sum(sd_heart2)/length(sd_heart2);
   sd_heart_final=sqrt(sd_heart3);
%
%% Calculating Sample Entropy

    sampleEntropy(1) = SampEn( 2, 0.2,Asig_learn2 (ii,:), 1 );

%% Calculating Power Spectral density

%% Calculating Power Spectral Entropy
    Fs1=250; %sampling rate per second
    Ts1=1/Fs1;%sampling time interval in second
    t1=0:Ts1:1-Ts1; n1=length(t1);
    fresult1=fft(dstnce);
    sum_fresult1=0.0;
    for i=1:1:length(fresult1)-1
     sum_fresult1= sum_fresult1 + (abs(fresult1(i)));
    end
    fresult1=fresult1/sum_fresult1;
    entropy1=0.0;
    for i=1:1:length(fresult1)-1
     entropy1= entropy1+ abs(fresult1(i))*log(1/abs(fresult1(i)));
     pse_rr=entropy1;
    end
     meanRR=mean_rr_interval;
    DD7                            (ii,:)                              =
[mean_rr_interval,rmssd_this,m,percentage_nn50,sd_final,sd_heart_final,sampleEntro
py,pse_rr,avgHR,average_hrv];
end
   SHADIF333= [];
   i=1;
   c=1;
   SHADIF333 (:,c) = mean(Asig_learn2,2);
   Asig_lrn_feat2= [Asig_lrn_feat2 , SHADIF333];   % Trying to add features
```

```matlab
    c=c+1;    % For loop could be used as well
    SHADIF333 (:,c) =  std(Asig_learn2')';
    Asig_lrn_feat2= [Asig_lrn_feat2 , SHADIF333];    % Trying to add features
    c=c+1;
    SHADIF333 (:,c) = std(Asig_learn2')'.^2;
    Asig_lrn_feat2= [Asig_lrn_feat2 , SHADIF333];  % Trying to add features
    c=c+1;
    SHADIF333 (:,c) =mode(Asig_learn2')';
    Asig_lrn_feat2= [Asig_lrn_feat2 , SHADIF333];   % Trying to add features
    c=c+1;
    SHADIF333 (:,c) =    var(Asig_learn2')';
    Asig_lrn_feat2= [Asig_lrn_feat2 , SHADIF333];  % Trying to add features
    c=c+1;
    SHADIF333(:,(c:c+8)) = (quantile(Asig_learn2,[0.1 0.2 0.3 0.4 0.5 0.6 0.7 0.8
0.9],2));
  Asig_lrn_feat2= [Asig_lrn_feat2 , SHADIF333];
    c=c+1;
    SHADIF333(:,(c:c+8)) = (prctile(Asig_learn2,[10 20 30 40 50 60 70 80 90],2));
    Asig_lrn_feat2= [Asig_lrn_feat2 , SHADIF333];
     Asig_lrn_feat2= [Asig_lrn_feat2 , DD7];
     disp ('SHADI Features for Asig_learn2 are ')
     disp (SHADIF333)
%%%% features in one array, dimentions are nor the same, as mentioned aboove by
Prof. The size of featre vectore should be 64 by N
%%%%%%%%%%%%%%%%%%%%%%%%%%%%%%%%%%%%%%%%%%% END OF SEVENTH GROUP

%% Feaures of Asig_test2
DD8=[];
for ii = 1:32
%% Removing lower frequencies
    samplingrate=360;
    fresult=fft(Asig_test2(ii,:));
    fresult(1 : round(length(fresult)*5/samplingrate))=0;
    fresult(end - round(length(fresult)*5/samplingrate) : end)=0;
    corrected=real(ifft(fresult));
%% Filter - first pass
    WinSize = floor(samplingrate * 571 / 1000);
    if rem(WinSize,2)==0
        WinSize = WinSize+1;
    end
    filtered1=ecgdemowinmax(corrected, WinSize);

%% Scale an ecg
    peaks1=filtered1/(max(filtered1)/7);
    positions=find(peaks1);
    distance=positions(2)-positions(1);

%% Returns minimum distance between two peaks
    for data=1:1:length(positions)-1
       if positions(data+1)-positions(data)<distance
            distance=positions(data-1)-positions(data);
       end
    end
%
    %% Optimize filter window size
    QRdistance=floor(0.04*samplingrate);
    if rem(QRdistance,2)==0
        QRdistance=QRdistance+1;
    end
```

```matlab
  WinSize=2*distance-QRdistance;

%% Filter - second pass
  filtered2=ecgdemowinmax(corrected, WinSize);
  peaks2=filtered2;

%% Plotting the HRV Heart Rate Variability
  [pks,locs]=find(peaks2);
%% Number of R-peaks
   num_R_peaks=length(pks);
   % Calculating Average Heart Rate
   time_in_sec=(WinSize/samplingrate);
   averageHeartRate(1)=(num_R_peaks/time_in_sec)*60;
   avgHR=averageHeartRate(1);
   positions2=find(peaks2);
    for count=1:1:length(positions2)-1
     dstnce(count)=positions2(count+1)-positions2(count); % average the dstance to
get average hrv in order to have one measure per window
        heartRate(count)=60*samplingrate/dstnce(count);
    end

%%Average HRV Calculation
   average_hrv=mean(dstnce);

%%% HRV Parameters
%% note RRinterval=dstnce array
%extracting Mean R-R interval
   mean_rr_interval=sum(dstnce)/length(dstnce);
%
%Extracting Root Mean Square of the differences of successive R-R
%%interval
   square_dstnce=dstnce.^2;
    avg_square_dstnce=sum(square_dstnce)/length(square_dstnce);
    rmssd_this=sqrt(avg_square_dstnce);
%
%%Extracting number of consecutive R-R intervals that differ more than
%%50 ms
    m=0;
    for num=1:1:length(dstnce)-1
        if(dstnce(num+1)-dstnce(num)<50)
          m=m+1;
        end
     end
%
%%Extracting Percentage value of total consecutive RR interval that
%%differ more than 50ms
   percentage_nn50= ((m(1)/length(dstnce))*100);

   %Extracting Standard Deviation of RR interval series
   for num1=1:1:length(dstnce)
       sd1=mean_rr_interval-dstnce(num1);
   end
 sd2=sd1.^2;
 sd3=sum(sd2)/length(sd2);
 sd_final=sqrt(sd3);

   %Extracting Standard Dviation of Heart Rate
   for num2=1:1:length(heartRate)
       sd_heart1=averageHeartRate-heartRate(num2);
```

```matlab
  end
   sd_heart2=sd_heart1.^2;
   sd_heart3=sum(sd_heart2)/length(sd_heart2);
   sd_heart_final=sqrt(sd_heart3);
%
%% Calculating Sample Entropy

   sampleEntropy(1) = SampEn( 2, 0.2,Asig_test2(ii,:) , 1 );

%% Calculating Power Spectral density

%% Calculating Power Spectral Entropy
   Fs1=250; %sampling rate per second
   Ts1=1/Fs1;%sampling time interval in second
   t1=0:Ts1:1-Ts1; n1=length(t1);
   fresult1=fft(dstnce);
   sum_fresult1=0.0;
   for i=1:1:length(fresult1)-1
    sum_fresult1= sum_fresult1 + (abs(fresult1(i)));
   end
   fresult1=fresult1/sum_fresult1;
   entropy1=0.0;
   for i=1:1:length(fresult1)-1
    entropy1= entropy1+ abs(fresult1(i))*log(1/abs(fresult1(i)));
    pse_rr=entropy1;
   end
     meanRR=mean_rr_interval;
  DD8                              (ii,:)                                     =
[mean_rr_interval,rmssd_this,m,percentage_nn50,sd_final,sd_heart_final,sampleEntro
py,pse_rr,avgHR,average_hrv];
end
   SHADIF444= [];
   i=1;
   c=1;
   SHADIF444 (:,c) = mean(Asig_test2,2);
   Asig_tst_feat2= [Asig_tst_feat2 , SHADIF444];   % Trying to add features
   c=c+1;   % For loop could be used as well
   SHADIF444 (:,c) =  std(Asig_test2')';
    Asig_tst_feat2= [Asig_tst_feat2 , SHADIF444];   % Trying to add features
   c=c+1;
   SHADIF444 (:,c) = std(Asig_test2')'.^2;
    Asig_tst_feat2= [Asig_tst_feat2 , SHADIF444]; % Trying to add features
   c=c+1;
   SHADIF444 (:,c) =mode(Asig_test2')';
    Asig_tst_feat2= [Asig_tst_feat2 , SHADIF444];   % Trying to add features
   c=c+1;
   SHADIF444 (:,c) =    var(Asig_test2')';
    Asig_tst_feat2= [Asig_tst_feat2 , SHADIF444]; % Trying to add features
   c=c+1;
   SHADIF444(:,(c:c+8)) = (quantile(Asig_test2,[0.1 0.2 0.3 0.4 0.5 0.6 0.7 0.8
0.9],2));
    Asig_tst_feat2= [Asig_tst_feat2 , SHADIF444];
   c=c+1;
   SHADIF444(:,(c:c+8)) = (prctile(Asig_test2,[10 20 30 40 50 60 70 80 90],2));
    Asig_tst_feat2= [Asig_tst_feat2 , SHADIF444];
    Asig_tst_feat2= [Asig_tst_feat2 , DD8];
    disp ('SHADI Features for Asig_tst2 are ')
    disp (SHADIF444)
```

```
%%%% features in one array, dimentions are nor the same, as mentioned aboove by
Prof. The size of featre vectore should be 64 by N
%%%%%%%%%%%%%%%%%%%%%%%%%%%%%%%%%%%%%%%%%%%%%% END OF EIGHTTH GROUP


%% Feaures of Asig_learn3
DD9=[];
for ii = 1:64
%% Removing lower frequencies
    samplingrate=360;
    fresult=fft(Asig_learn3(ii,:));
    fresult(1 : round(length(fresult)*5/samplingrate))=0;
    fresult(end - round(length(fresult)*5/samplingrate) : end)=0;
    corrected=real(ifft(fresult));
%% Filter - first pass
    WinSize = floor(samplingrate * 571 / 1000);
    if rem(WinSize,2)==0
        WinSize = WinSize+1;
    end
    filtered1=ecgdemowinmax(corrected, WinSize);

%% Scale an ecg
    peaks1=filtered1/(max(filtered1)/7);
    positions=find(peaks1);
    distance=positions(2)-positions(1);

%% Returns minimum distance between two peaks
    for data=1:1:length(positions)-1
      if positions(data+1)-positions(data)<distance
            distance=positions(data+1)-positions(data);
      end
      end
%
   %% Optimize filter window size
   QRdistance=floor(0.04*samplingrate);
   if rem(QRdistance,2)==0
       QRdistance=QRdistance+1;
   end
  WinSize=2*distance-QRdistance;

%% Filter - second pass
  filtered2=ecgdemowinmax(corrected, WinSize);
  peaks2=filtered2;

%% Plotting the HRV Heart Rate Variability
   [pks,locs]=find(peaks2);
%% Number of R-peaks
   num_R_peaks=length(pks);
   % Calculating Average Heart Rate
   time_in_sec=(WinSize/samplingrate);
   averageHeartRate(1)=(num_R_peaks/time_in_sec)*60;
   avgHR=averageHeartRate(1);
   positions2=find(peaks2);
    for count=1:1:length(positions2)-1
     dstnce(count)=positions2(count+1)-positions2(count); % average the dstance to
get average hrv in order to have one measure per window
       heartRate(count)=60*samplingrate/dstnce(count);
    end
```

```matlab
%%Average HRV Calculation
    average_hrv=mean(dstnce);

%%% HRV Parameters
%% note RRinterval=dstnce array
%extracting Mean R-R interval
    mean_rr_interval=sum(dstnce)/length(dstnce);
%
%Extracting Root Mean Square of the differences of successive R-R
%%interval
    square_dstnce=dstnce.^2;
     avg_square_dstnce=sum(square_dstnce)/length(square_dstnce);
     rmssd_this=sqrt(avg_square_dstnce);
%
%%Extracting number of consecutive R-R intervals that differ more than
%%50 ms
    m=0;
    for num=1:1:length(dstnce)-1
         if(dstnce(num+1)-dstrce(num)<50)
            m=m+1;
         end
      end
%
%%Extracting Percentage value of total consecutive RR interval that
%%differ more than 50ms
    percentage_nn50= ((m(1)/length(dstnce))*100);

    %Extracting Standard Deviation of RR interval series
    for num1=1:1:length(dstnce)
        sd1=mean_rr_interval-dstnce(num1);
    end
  sd2=sd1.^2;
  sd3=sum(sd2)/length(sd2);
  sd_final=sqrt(sd3);

    %Extracting Standard Dviation of Heart Rate
    for num2=1:1:length(heartRate)
        sd_heart1=averageHeartRate-heartRate(num2);
    end
    sd_heart2=sd_heart1.^2;
    sd_heart3=sum(sd_heart2)/length(sd_heart2);
    sd_heart_final=sqrt(sd_heart3);
%
%% Calculating Sample Entropy

    sampleEntropy(1) = SampEn( 2, 0.2,Asig_learn3 (ii,:), 1 );

%% Calculating Power Spectral density

%% Calculating Power Spectral Entropy
    Fs1=250; %sampling rate per second
    Ts1=1/Fs1;%sampling time interval in second
    t1=0:Ts1:1-Ts1; n1=length(t1);
    fresult1=fft(dstnce);
    sum_fresult1=0.0;
    for i=1:1:length(fresult1)-1
     sum_fresult1= sum_fresult1 + (abs(fresult1(i)));
    end
    fresult1=fresult1/sum_fresult1;
```

```matlab
    entropy1=0.0;
    for i=1:1:length(fresult1)-1
     entropy1= entropy1+ abs(fresult1(i))*log(1/abs(fresult1(i))));
     pse_rr=entropy1;
    end
      meanRR=mean_rr_interval;
 DD9                             (ii,:)                                =
[mean_rr_interval,rmssd_this,m,percentage_nn50,sd_final,sd_heart_final,sampleEntro
py,pse_rr,avgHR,average_hrv];
end
    SHADIF3333= [];
    i=1;
    c=1;
    SHADIF3333 (:,c) = mean(Asig_learn3,2);
    Asig_lrn_feat3= [Asig_lrn_feat3 , SHADIF3333];   % Trying to add features
    c=c+1;   % For loop could be used as well
    SHADIF3333 (:,c) =  std(Asig_learn3')';
    Asig_lrn_feat3= [Asig_lrn_feat3 , SHADIF3333];   % Trying to add features
    c=c+1;
    SHADIF3333 (:,c) = std(Asig_learn3')'.^2;
    Asig_lrn_feat3= [Asig_lrn_feat3 , SHADIF3333];  % Trying to add features
    c=c+1;
    SHADIF3333 (:,c) =mode(Asig_learn3')';
    Asig_lrn_feat3= [Asig_lrn_feat3 , SHADIF3333];   % Trying to add features
    c=c+1;
    SHADIF3333 (:,c) =     var(Asig_learn3')';
    Asig_lrn_feat3= [Asig_lrn_feat3 , SHADIF3333];  % Trying to add features
    c=c+1;
    SHADIF3333(:,(c:c+8)) = (quantile(Asig_learn3,[0.1 0.2 0.3 0.4 0.5 0.6 0.7 0.8
0.9],2));
  Asig_lrn_feat3= [Asig_lrn_feat3 , SHADIF3333];
    c=c+1;
    SHADIF3333(:,(c:c+8)) = (prctile(Asig_learn3,[10 20 30 40 50 60 70 80 90],2));
    Asig_lrn_feat3= [Asig_lrn_feat3 , SHADIF3333];
    Asig_lrn_feat3= [Asig_lrn_feat3 , DD9];
     disp ('SHADI Features for Asig_learn3 are ')
     disp (SHADIF3333)
%%%% features in one array, dimentions are nor the same, as mentioned aboove by
Prof. The size of featre vectore should be 64 by N
%%%%%%%%%%%%%%%%%%%%%%%%%%%%%%%%%%%%%%%%%%%%%% END OF NINITH GROUP

%% Feaures of Asig_test3
DD10=[];
for ii = 1:32
%% Removing lower frequencies
    samplingrate=360;
    fresult=fft(Asig_test3(ii,:));
    fresult(1 : round(length(fresult)*5/samplingrate))=0;
    fresult(end - round(length(fresult)*5/samplingrate) : end)=0;
    corrected=real(ifft(fresult));
%% Filter - first pass
    WinSize = floor(samplingrate * 571 / 1000);
    if rem(WinSize,2)==0
        WinSize = WinSize+1;
    end
    filtered1=ecgdemowinmax(corrected, WinSize);

%% Scale an ecg
    peaks1=filtered1/(max(filtered1)/7);
```

```matlab
    positions=find(peaks1);
    distance=positions(2)-positions(1);

%% Returns minimum distance between two peaks
    for data=1:1:length(positions)-1
        if positions(data+1)-positions(data)<distance
            distance=positions(data+1)-positions(data);
      end
      end
%
    %% Optimize filter window size
    QRdistance=floor(0.04*samplingrate);
    if rem(QRdistance,2)==0
        QRdistance=QRdistance+1;
    end
  WinSize=2*distance-QRdistance;

%% Filter - second pass
  filtered2=ecgdemowinmax(corrected, WinSize);
  peaks2=filtered2;

%% Plotting the HRV Heart Rate Variability
    [pks,locs]=find(peaks2);
%% Number of R-peaks
    num_R_peaks=length(pks);
    % Calculating Average Heart Rate
    time_in_sec=(WinSize/samplingrate);
    averageHeartRate(1)=(num_R_peaks/time_in_sec)*60;
    avgHR=averageHeartRate(1);
    positions2=find(peaks2);
     for count=1:1:length(positions2)-1
      dstnce(count)=positions2(count+1)-positions2(count); % average the dstance to
get average hrv in order to have one measure per window
        heartRate(count)=60*samplingrate/dstnce(count);
      end

%%Average HRV Calculation
    average_hrv=mean(dstnce);

%%% HRV Parameters
%% note RRinterval=dstnce array
%extracting Mean R-R interval
    mean_rr_interval=sum(dstnce)/length(dstnce);
%
%Extracting Root Mean Square of the differences of successive R-R
%%interval
    square_dstnce=dstnce.^2;
     avg_square_dstnce=sum(square_dstnce)/length(square_dstnce);
     rmssd_this=sqrt(avg_square_dstrce);
%
%%Extracting number of consecutive R-R intervals that differ more than
%%50 ms
    m=0;
    for num=1:1:length(dstnce)-1
        if(dstnce(num+1)-dstnce(num)<50)
           m=m+1;
        end
      end
%
```

```matlab
%%Extracting Percentage value of total consecutive RR interval that
%%differ more than 50ms
    percentage_nn50= ((m(1)/length(dstnce))*100);

    %Extracting Standard Deviation of RR interval series
   for num1=1:1:length(dstnce)
       sd1=mean_rr_interval-dstnce(num1);
    end
 sd2=sd1.^2;
 sd3=sum(sd2)/length(sd2);
 sd_final=sqrt(sd3);

    %Extracting Standard Dviation of Heart Rate
    for num2=1:1:length(heartRate)
        sd_heart1=averageHeartRate-heartRate(num2);
   end
   sd_heart2=sd_heart1.^2;
   sd_heart3=sum(sd_heart2)/length(sd_heart2);
   sd_heart_final=sqrt(sd_heart3);
%
%% Calculating Sample Entropy

   sampleEntropy(1) = SampEn( 2, 0.2,Asig_test3 (ii,:), 1 );

%% Calculating Power Spectral density

%% Calculating Power Spectral Entropy
    Fs1=250; %sampling rate per second
    Ts1=1/Fs1;%sampling time interval in second
    t1=0:Ts1:1-Ts1; n1=length(t1);
    fresult1=fft(dstnce);
    sum_fresult1=0.0;
    for i=1:1:length(fresult1)-1
     sum_fresult1= sum_fresult1 + (abs(fresult1(i)));
    end
    fresult1=fresult1/sum_fresult1;
    entropy1=0.0;
    for i=1:1:length(fresult1)-1
     entropy1= entropy1+ abs(fresult1(i))*log(1/abs(fresult1(i)));
     pse_rr=entropy1;
    end
    DD10                              (ii,:)                              =
[mean_rr_interval,rmssd_this,m,percentage_nn50,sd_final,sd_heart_final,sampleEntro
py,pse_rr,avgHR,average_hrv];
end
   SHADIF4444= [];
   i=1;
   c=1;
   SHADIF4444 (:,c) = mean(Asig_test3,2);
   Asig_tst_feat3= [Asig_tst_feat3 , SHADIF4444];   % Trying to add features
   c=c+1;   % For loop could be used as well
   SHADIF4444 (:,c) =  std(Asig_test3')';
   Asig_tst_feat3= [Asig_tst_feat3 , SHADIF4444];   % Trying to add features
   c=c+1;
   SHADIF4444 (:,c) = std(Asig_test3')'.^2;
   Asig_tst_feat3= [Asig_tst_feat3 , SHADIF4444]; % Trying to add features
   c=c+1;
   SHADIF4444 (:,c) =mode(Asig_test3')';
   Asig_tst_feat3= [Asig_tst_feat3 , SHADIF4444];   % Trying to add features
```

```matlab
    c=c+1;
    SHADIF4444 (:,c) =    var(Asig_test3')';
     Asig_tst_feat3= [Asig_tst_feat3 , SHADIF4444];  % Trying to add features
    c=c+1;
    SHADIF4444(:,(c:c+8)) = (quantile(Asig_test3,[0.1 0.2 0.3 0.4 0.5 0.6 0.7 0.8
0.9],2));
     Asig_tst_feat3= [Asig_tst_feat3 , SHADIF4444];
    c=c+1;
    SHADIF4444(:,(c:c+8)) = (prctile(Asig_test3,[10 20 30 40 50 60 70 80 90],2));
     Asig_tst_feat3= [Asig_tst_feat3 , SHADIF4444];
     Asig_tst_feat3= [Asig_tst_feat3 , DD10];
     disp ('SHADI Features for Asig_tst3 are ')
     disp (SHADIF4444)
%%%% features in one array, dimentions are nor the same, as mentioned aboove by
Prof. The size of featre vectore should be 64 by N
%%%%%%%%%%%%%%%%%%%%%%%%%%%%%%%%%%%%%%%%%%%% END OF TENTH GROUP


%%%%%%%%%%%%%%%%%%%%%%%%% Transform Domain Features

% Fourier coefficients (averaged in bands)
NF= 64;                     % number of bands to use
x1= abs(fft(Nsig_learn,NF,2));
x2= abs(fft(Nsig_test,NF,2));
x3= abs(fft(Asig_learn,NF,2));
x4= abs(fft(Asig_test,NF,2));
x5= abs(fft(Asig_learn1,NF,2));
x6= abs(fft(Asig_test1,NF,2));
x7= abs(fft(Asig_learn2,NF,2));
x8= abs(fft(Asig_test2,NF,2));
x9= abs(fft(Asig_learn3,NF,2));
x10= abs(fft(Asig_test3,NF,2));

x11= mean (abs(fft(Nsig_learn,NF,2)),2);
x12= mean (abs(fft(Nsig_test,NF,2)),2);
x13= mean (abs(fft(Asig_learn,NF,2)),2);
x14= mean (abs(fft(Asig_test,NF,2)),2);
x15= mean (abs(fft(Asig_learn1,NF,2)),2);
x16= mean (abs(fft(Asig_test1,NF,2)),2);
x17= mean (abs(fft(Asig_learn2,NF,2)),2);
x18= mean (abs(fft(Asig_test2,NF,2)),2);
x19= mean (abs(fft(Asig_learn3,NF,2)),2);
x20= mean (abs(fft(Asig_test3,NF,2)),2);

x1= x1(:,2:NF/2+1);
x2= x2(:,2:NF/2+1);
x3= x3(:,2:NF/2+1);
x4= x4(:,2:NF/2+1);
x5= x5(:,2:NF/2+1);
x6= x6(:,2:NF/2+1);
x7= x7(:,2:NF/2+1);
x8= x8(:,2:NF/2+1);
x9= x9(:,2:NF/2+1);
x10= x10(:,2:NF/2+1);

Nsig_lrn_feat= [Nsig_lrn_feat , x1];
Nsig_tst_feat= [Nsig_tst_feat , x2];
Asig_lrn_feat= [Asig_lrn_feat , x3];
Asig_tst_feat= [Asig_tst_feat , x4];
```

```matlab
Asig_lrn_feat1= [Asig_lrn_feat1 , x5];
Asig_tst_feat1= [Asig_tst_feat1 , x6];
Asig_lrn_feat2= [Asig_lrn_feat2 , x7];
Asig_tst_feat2= [Asig_tst_feat2 , x8];
Asig_lrn_feat3= [Asig_lrn_feat3 , x9];
Asig_tst_feat3= [Asig_tst_feat3 , x10];

% mean of bands
Nsig_lrn_feat= [Nsig_lrn_feat , mean(x1,2)];
Nsig_tst_feat= [Nsig_tst_feat , mean(x2,2)];
Asig_lrn_feat= [Asig_lrn_feat , mean(x3,2)];
Asig_tst_feat= [Asig_tst_feat , mean(x4,2)];
Asig_lrn_feat1= [Asig_lrn_feat1 , mean(x5,2)];
Asig_tst_feat1= [Asig_tst_feat1 , mean(x6,2)];
Asig_lrn_feat2= [Asig_lrn_feat2 , mean(x7,2)];
Asig_tst_feat2= [Asig_tst_feat2 , mean(x8,2)];
Asig_lrn_feat3= [Asig_lrn_feat3, mean(x9,2)];
Asig_tst_feat3= [Asig_tst_feat3 , mean(x10,2)];
% std dev of bands

Nsig_lrn_feat= [Nsig_lrn_feat ,  std(x1')'];
Nsig_tst_feat= [Nsig_tst_feat , std(x2')'];
Asig_lrn_feat= [Asig_lrn_feat , std(x3')'];
Asig_tst_feat= [Asig_tst_feat , std(x4')'];
Asig_lrn_feat1= [Asig_lrn_feat1 , std(x5')'];
Asig_tst_feat1= [Asig_tst_feat1 , std(x6')'];
Asig_lrn_feat2= [Asig_lrn_feat2 , std(x7')'];
Asig_tst_feat2= [Asig_tst_feat2 , std(x8')'];
Asig_lrn_feat3= [Asig_lrn_feat3 , std(x9')'];
Asig_tst_feat3= [Asig_tst_feat3 , std(x10')'];

% max band magnitude and band number (freq)
[mx1, lx1] = max(x1,[],2);
[mx2, lx2] = max(x2,[],2);
[mx3, lx3] = max(x3,[],2);
[mx4, lx4] = max(x4,[],2);
[mx5, lx5] = max(x5,[],2);
[mx6, lx6] = max(x6,[],2);
[mx7, lx7] = max(x7,[],2);
[mx8, lx8] = max(x8,[],2);
[mx9, lx9] = max(x9,[],2);
[mx10, lx10] = max(x10,[],2);

Nsig_lrn_feat= [Nsig_lrn_feat , mx1];
Nsig_tst_feat= [Nsig_tst_feat , mx2];
Asig_lrn_feat= [Asig_lrn_feat , mx3];
Asig_tst_feat= [Asig_tst_feat , mx4];
Asig_lrn_feat1= [Asig_lrn_feat1 , mx5];
Asig_tst_feat1= [Asig_tst_feat1 , mx6];
Asig_lrn_feat2= [Asig_lrn_feat2 , mx7];
Asig_tst_feat2= [Asig_tst_feat2 , mx8];
Asig_lrn_feat3= [Asig_lrn_feat3 , mx9];
Asig_tst_feat3= [Asig_tst_feat3 , mx10];

Nsig_lrn_feat= [Nsig_lrn_feat , lx1/10.];
Nsig_tst_feat= [Nsig_tst_feat , lx2/10.];
Asig_lrn_feat= [Asig_lrn_feat , lx3/10.];
Asig_tst_feat= [Asig_tst_feat , lx4/10.];
Asig_lrn_feat1= [Asig_lrn_feat1 , lx5/10.];
```

```matlab
Asig_tst_feat1= [Asig_tst_feat1 , 1x6/10.];
Asig_lrn_feat2= [Asig_lrn_feat2 , 1x7/10.];
Asig_tst_feat2= [Asig_tst_feat2 , 1x8/10.];
Asig_lrn_feat3= [Asig_lrn_feat3 , 1x9/10.];
Asig_tst_feat3= [Asig_tst_feat3 , 1x10/10.];


%%%%%% Feature selection

%%%% combine all training samples/labels each in one array
x_train= [Nsig_lrn_feat ; Asig_lrn_feat]
x_train1= [x_train ; Asig_lrn_feat1]
x_train2= [x_train1 ; Asig_lrn_feat2]
x_train3= [x_train2 ; Asig_lrn_feat3]
%%%% combine all training samples/labels each in one array
x_test= [Nsig_tst_feat ; Asig_tst_feat ; Asig_tst_feat1 ; Asig_tst_feat2 ;
Asig_tst_feat3];
y_test= [Nsig_tst_class ; Asig_tst_class;Asig_tst_class1 ; Asig_tst_class2 ;
Asig_tst_class3];
x_train4 = [x_train3 ; x_test];

y_train= [Nsig_lrn_class ; Asig_lrr_class ; Asig_lrn_class1 ; Asig_lrn_class2 ;
Asig_lrn_class3];
y_train4=[y_train;y_test];
%%%% combine all training samples/labels each in one array
% x_test= [Nsig_tst_feat ; Asig_tst_feat ; Asig_tst_feat1 ; Asig_tst_feat2 ;
Asig_tst_feat3];
% y_test= [Nsig_tst_class ; Asig_tst_class;Asig_tst_class1 ; Asig_tst_class2 ;
Asig_tst_class3];


%%%%%% t-Test for first AN class
size1= size(Nsig_lrn_feat);
Nfeat= size1(2);
Pval= zeros(Nfeat,1);
for k1=1:Nfeat
    [H,P] = ttest2(Nsig_lrn_feat(:,k1),Asig_lrn_feat(:,k1));
    Pval(k1)= P;
end

figure(2)
plot(Pval);
textout= sprintf('T-Test: Number of useful features (P-Value < 0.05) = %d out
of %d',sum(Pval<0.05), Nfeat);
disp(textout);

%%%%%% t-Test1 for second AN class
size1= size(Nsig_lrn_feat);
Nfeat= size1(2);
Pval1= zeros(Nfeat,1);
for k1=1:Nfeat
    [H,P] = ttest2(Nsig_lrn_feat(:,k1),Asig_lrn_feat1(:,k1));
    Pval1(k1)= P;
end

figure(3)
plot(Pval1);
textout1= sprintf('T-Test1: Number of useful features (P-Value < 0.05) = %d out
of %d',sum(Pval<0.05), Nfeat);
```

```matlab
disp(textout1);

%%%%%% t-Test2 for third AN class
size1= size(Nsig_lrn_feat);
Nfeat= size1(2);
Pval2= zeros(Nfeat,1);
for k1=1:Nfeat
    [H,P] = ttest2(Nsig_lrn_feat(:,k1),Asig_lrn_feat2(:,k1));
    Pval2(k1)= P;
end

figure(4)
plot(Pval2);
textout2= sprintf('T-Test2: Number of useful features (P-Value < 0.05) = %d out
of %d',sum(Pval<0.05), Nfeat);
disp(textout2);

%%%%%% t-Test3 for fourth AN class
size1= size(Nsig_lrn_feat);
Nfeat= size1(2);
Pval3= zeros(Nfeat,1);
for k1=1:Nfeat
    [H,P] = ttest2(Nsig_lrn_feat(:,k1),Asig_lrn_feat3(:,k1));
    Pval3(k1)= P;
end
figure(5)
plot(Pval3);
textout3= sprintf('T-Test3: Number of useful features (P-Value < 0.05) = %d out
of %d',sum(Pval<0.05), Nfeat);
disp(textout3);

%%%%%% Correlation coefficient
Corval= zeros(Nfeat,1);
for k1=1:Nfeat
    R= corrcoef(x_train3(:,k1),y_train);
    Corval(k1)= R(2,1);
end


%%%%%% Correlation coefficient
Corval= zeros(Nfeat,1);
for k1=1:Nfeat
    R= corrcoef(x_train4(:,k1),y_train4);
    Corval(k1)= R(2,1);
end


%%%%%%%%%%%%%%%%%%%%%%%%%%%%%%%%%%%%%%%%%%%%%%%%%%%%%%%%%%%%%%%%%%%%%%%%%%%%%%%%%%%%
%%%% EE 699 - Final Submission (Only Normal and Abnormal)
%%%% Title of the project "ENHANCED COMPUTER-AIDED DIAGNOSIS SYSTEM FOR AUTOMATED
CLASSIFICATION OF CARDIAC ECG SIGNALS"
%%%% Simple Code for feature extraction from ECG Arrhythmia data sets
%%%% Name: Shadi Mohammed Obaid ID:2202480
%%%% Target is to design a system with the best diagnostic performance
%%%% Look at "readme.txt" file for content description of data files
%%%%  simple description is in the comments below
%%%%%%%%%%%%%%%%%%%%%%%%%%%%%%%%%%%%%%%%%%%%%%%%%%%%%%%%%%%%%%%%%%%%%%%%%%%%%%%%%%%%
```

```matlab
% Load all your learn/test data files
load 'Learndata1.mat'
load 'Testdata1.mat'
load 'Learndata2r.mat'         % resampled version of VF data
load 'Testdata2r.mat'          % resampled version of VF data

% check Workspace on Matlab to see that the following new variables:
% Learndata1: 256x1080
% Testdata1: 128x1080  % in my case it is 160x1080 (32 by five classess)
% Learndata2r: 64x1080
% Testdata2r: 32x1080
%
% 5 ECG types: normal, VCouplet, VTachy,VBigeminy,ventricular fibrillation

figure(1)
subplot(3,2,1)
plot(Learndata1(1,:))          % example normal signal
xlabel('Time Samples');
title('Normal ECG');

subplot(3,2,2)
plot(Learndata1(65,:))         % example VCouplet signal
xlabel('Time Samples');
title('Ventricular Couplet ECG');

subplot(3,2,3)
plot(Learndata1(129,:))        % example VTachy signal
xlabel('Time Samples');
title('Ventricular Tachycardia ECG');
subplot(3,2,4)
plot(Learndata1(197,:))        % example VBigeminy signal
xlabel('Time Samples');
title('Ventricular Bigeminy ECG');
subplot(3,2,5),
plot(Learndata2r(6,:))              % ventricular fibrillation sample
xlabel('Time Samples');
title('Ventricular Fibrillation ECG');
subplot(3,2,6),
plot(Learndata1(9,:))          % Another example normal signal
xlabel('Time Samples');
title('Another Normal ECG');
% To simplify our project (without loss of generality),
%  consider two class problem (Normal vs. Abnormal)
% Now, prepare the data files that represent your 2 classes
% Class 1 must be Normal
Nsig_learn= Learndata1(1:64,:);      % first 64 signals are normal
Nsig_test= Testdata1(1:32,:);      % first 32 signals are normal
% Class 2: use any of the 4 arrhythmia types as your abnormal
Abnormal= 2;               %1=VC, 2=VT, 3=VB, 4= VF
Asig_learn= [Learndata1(65:256,:)]; % second 64 signals are VC
Asig_test= [Testdata1(33:128,:)]    % second 32 signals are VC
Asig_learn= [Asig_learn; Learndata2r];
Asig_test= [Asig_test;Testdata2r];


%%%%%%%%%%%%%%%%%%%%%%%%%%%%%%%%%%%%%%%%%%%%%%%%%%%%%%%%%%%%%%%%%%%%%%%%%%%%%%
%%% Now we start the feature extraction process
%%% Feature vector must be 64xN for learn data and 32xN for test data
%%%%%%%%%%%%%%%%%%%%%%%%%%%%%%%%%%%%%%%%%%%%%%%%%%%%%%%%%%%%%%%%%%%%%%%%%%%%%%
```

```matlab
% init feature vectors
Nsig_lrn_feat= zeros(64,1);
Nsig_tst_feat= zeros(32,1);
Asig_lrn_feat= zeros(256,1);
Asig_tst_feat= zeros(128,1);


% True class membership  - 1=Normal , 2=Abnormal
Nsig_lrn_class= zeros(64,1)+1;
Nsig_tst_class= zeros(32,1)+1;
Asig_lrn_class= zeros(256,1)+2;
Asig_tst_class= zeros(128,1)+2;

%%%%%%%%%%%%%%%%%%%%%%%%% Time Domain Features

%%% basic statistical features
% mean
Nsig_lrn_feat= mean(Nsig_learn,2);
Nsig_tst_feat= mean(Nsig_test,2);
Asig_lrn_feat= mean(Asig_learn,2);
Asig_tst_feat= mean(Asig_test,2);

% std dev

Nsig_lrn_feat= [Nsig_lrn_feat , std(Nsig_learn')'];
Nsig_tst_feat= [Nsig_tst_feat , std(Nsig_test')'];
Asig_lrn_feat= [Asig_lrn_feat , std(Asig_learn')'];
Asig_tst_feat= [Asig_tst_feat , std(Asig_test')'];

% mean of derivative
Nsig_lrn_feat= [Nsig_lrn_feat , mean(abs(diff(Nsig_learn,1,2)),2)];
Nsig_tst_feat= [Nsig_tst_feat , mean(abs(diff(Nsig_test,1,2)),2)];
Asig_lrn_feat= [Asig_lrn_feat , mean(abs(diff(Asig_learn,1,2)),2)];
Asig_tst_feat= [Asig_tst_feat , mean(abs(diff(Asig_test,1,2)),2)];

% std dev of derivative
Nsig_lrn_feat= [Nsig_lrn_feat , std(diff(Nsig_learn,1,2)')'];
Nsig_tst_feat= [Nsig_tst_feat , std(diff(Nsig_test,1,2)')'];
Asig_lrn_feat= [Asig_lrn_feat , std(diff(Asig_learn,1,2)')'];
Asig_tst_feat= [Asig_tst_feat , std(diff(Asig_test,1,2)')'];
%%%%%%%%%%%%%%%%%%%%%%%%%%%%%%%%%%%%%%%%%%%%%%%%%%%%%%%%%%%%%%%%%%%%%%%
%%%%%%%%%%%%%%%%%%%%% Added features by SHADI
%% Feaures of Nsig_learn
DD1=[];
for ii = 1:64
%% Removing lower frequencies
   samplingrate=360;
   fresult=fft(Nsig_learn(ii,:));
   fresult(1 : round(length(fresult)*5/samplingrate))=0;
   fresult(end - round(length(fresult)*5/samplingrate) : end)=0;
   corrected=real(ifft(fresult));
%% Filter - first pass
   WinSize = floor(samplingrate * 571 / 1000);
   if rem(WinSize,2)==0
        WinSize = WinSize+1;
   end
   filtered1=ecgdemowinmax(corrected, WinSize);
```

```matlab
%% Scale an ecg
    peaks1=filtered1/(max(filtered1)/7);
    positions=find(peaks1);
    distance=positions(2)-positions(1);

%% Returns minimum distance between two peaks
    for data=1:1:length(positions)-1
        if positions(data+1)-positions(data)<distance
            distance=positions(data+1)-positions(data);
        end
    end
%
    %% Optimize filter window size
    QRdistance=floor(0.04*samplingrate);
    if rem(QRdistance,2)==0
        QRdistance=QRdistance+1;
    end
  WinSize=2*distance-QRdistance;

%% Filter - second pass
  filtered2=ecgdemowinmax(corrected, WinSize);
  peaks2=filtered2;

%% Plotting the HRV Heart Rate Variability
    [pks,locs]=find(peaks2);
%% Number of R-peaks
    num_R_peaks=length(pks);
    % Calculating Average Heart Rate
    time_in_sec=(WinSize/samplingrate);
    averageHeartRate(1)=(num_R_peaks/time_in_sec)*60;
    avgHR=averageHeartRate(1);
    positions2=find(peaks2);
     for count=1:1:length(positions2)-1
      dstnce(count)=positions2(count+1)-positions2(count); % average the dstance to
get average hrv in order to have one measure per window
        heartRate(count)=60*samplingrate/dstnce(count);
     end

%%Average HRV Calculation
    average_hrv=mean(dstnce);

%%% HRV Parameters
%% note RRinterval=dstnce array
%extracting Mean R-R interval
    mean_rr_interval=sum(dstnce)/length(dstnce);
%
%Extracting Root Mean Square of the differences of successive R-R
%%interval
    square_dstnce=dstnce.^2;
    avg_square_dstnce=sum(square_dstnce)/length(square_dstnce);
    rmssd_this=sqrt(avg_square_dstnce);
%
%%Extracting number of consecutive R-R intervals that differ more than
%%50 ms
    m=0;
    for num=1:1:length(dstnce)-1
        if(dstnce(num+1)-dstnce(num)<50)
          m=m+1;
        end
```

```matlab
        end
%
%%Extracting Percentage value of total consecutive RR interval that
%%differ more than 50ms
    percentage_nn50= ((m(1)/length(dstnce))*100);

    %Extracting Standard Deviation of RR interval series
    for num1=1:1:length(dstnce)
        sd1=mean_rr_interval-dstnce(num1);
    end
  sd2=sd1.^2;
  sd3=sum(sd2)/length(sd2);
  sd_final=sqrt(sd3);

    %Extracting Standard Dviation of Heart Rate
    for num2=1:1:length(heartRate)
        sd_heart1=averageHeartRate-heartRate(num2);
    end
    sd_heart2=sd_heart1.^2;
    sd_heart3=sum(sd_heart2)/length(sd_heart2);
    sd_heart_final=sqrt(sd_heart3);
%
%% Calculating Sample Entropy

    sampleEntropy(1) = SampEn( 2, 0.2,Nsig_learn(ii,:) , 1 );

%% Calculating Power Spectral density

%% Calculating Power Spectral Entropy
    Fs1=250; %sampling rate per second
    Ts1=1/Fs1;%sampling time interval in second
    t1=0:Ts1:1-Ts1; n1=length(t1);
    fresult1=fft(dstnce);
    sum_fresult1=0.0;
    for i=1:1:length(fresult1)-1
     sum_fresult1= sum_fresult1 + (abs(fresult1(i)));
    end
    fresult1=fresult1/sum_fresult1;
    entropy1=0.0;
    for i=1:1:length(fresult1)-1
     entropy1= entropy1+ abs(fresult1(i))*log(1/abs(fresult1(i)));
     pse_rr=entropy1;
    end
        DD1                              (ii,:)                          =
[mean_rr_interval,rmssd_this,m,percentage_nn50,sd_final,sd_heart_final,sampleEntro
py,pse_rr,avgHR,average_hrv];
end
    SHADIF= [];
    i=1;
    c=1;
    SHADIF (:,c) = mean(Nsig_learn,2);
    Nsig_lrn_feat= [Nsig_lrn_feat , SHADIF];   % Trying to add features
    c=c+1;   % For loop could be used as well
    SHADIF (:,c) =  std(Nsig_learn')';
    Nsig_lrn_feat= [Nsig_lrn_feat , SHADIF];    % Trying to add features
    c=c+1;
    SHADIF (:,c) = std(Nsig_learn')'.^2;
    Nsig_lrn_feat= [Nsig_lrn_feat , SHADIF];   % Trying to add features
    c=c+1;
```

```matlab
    SHADIF (:,c) =mode(Nsig_learn')';
     Nsig_lrn_feat= [Nsig_lrn_feat , SHADIF];   % Trying to add features
    c=c+1;
    SHADIF (:,c) =    var(Nsig_learn')';
   Nsig_lrn_feat= [Nsig_lrn_feat , SHADIF];   % Trying to add features
   c=c+1;
   SHADIF(:,(c:c+8)) = (quantile(Nsig_learn,[0.1 0.2 0.3 0.4 0.5 0.6 0.7 0.8
0.9],2));
   Nsig_lrn_feat= [Nsig_lrn_feat , SHADIF];
   c=c+1;
   SHADIF(:,(c:c+8)) = (prctile(Nsig_learn,[10 20 30 40 50 60 70 80 90],2));
   Nsig_lrn_feat= [Nsig_lrn_feat ,SHADIF];
   Nsig_lrn_feat= [Nsig_lrn_feat ,DD1];
%%%% features in one array, dimentions are nor the same, as mentioned aboove by
Prof. The size of featre vectore should be 64 by N
%%%%%%%%%%%%%%%%%%%%%%%%%%%%%%%%%%%%%%%%%%%%%%%%%%%% END OF FIRST GROUP


%% Feaures of Nsig_test
DD2=[];
for ii = 1:32
%% Removing lower frequencies
   samplingrate=360;
   fresult=fft(Nsig_test(ii,:));
   fresult(1 : round(length(fresult)*5/samplingrate))=0;
   fresult(end - round(length(fresult)*5/samplingrate) : end)=0;
   corrected=real(ifft(fresult));
%% Filter - first pass
   WinSize = floor(samplingrate * 571 / 1000);
   if rem(WinSize,2)==0
        WinSize = WinSize+1;
   end
   filtered1=ecgdemowinmax(corrected, WinSize);

%% Scale an ecg
    peaks1=filtered1/(max(filtered1)/7);
    positions=find(peaks1);
    distance=positions(2)-positions(1);

%% Returns minimum distance between two peaks
    for data=1:1:length(positions)-1
       if positions(data+1)-positions(data)<distance
             distance=positions(data+1)-positions(data);
     end
     end
%
   %% Optimize filter window size
   QRdistance=floor(0.04*samplingrate);
   if rem(QRdistance,2)==0
        QRdistance=QRdistance+1;
   end
  WinSize=2*distance-QRdistance;

%% Filter - second pass
  filtered2=ecgdemowinmax(corrected, WinSize);
  peaks2=filtered2;

%% Plotting the HRV Heart Rate Variability
   [pks,locs]=find(peaks2);
```

```matlab
%% Number of R-peaks
    num_R_peaks=length(pks);
    % Calculating Average Heart Rate
    time_in_sec=(WinSize/samplingrate);
    averageHeartRate(1)=(num_R_peaks/time_in_sec)*60;
    avgHR=averageHeartRate(1);
    positions2=find(peaks2);
     for count=1:1:length(positions2)-1
      dstnce(count)=positions2(count+1)-positions2(count); % average the dstance to
get average hrv in order to have one measure per window
        heartRate(count)=60*samplingrate/dstnce(count);
     end

%%Average HRV Calculation
    average_hrv=mean(dstnce);

%%% HRV Parameters
%% note RRinterval=dstnce array
%extracting Mean R-R interval
    mean_rr_interval=sum(dstnce)/length(dstnce);
%
%Extracting Root Mean Square of the differences of successive R-R
%%interval
    square_dstnce=dstnce.^2;
     avg_square_dstnce=sum(square_dstnce)/length(square_dstnce);
     rmssd_this=sqrt(avg_square_dstnce);
%
%%Extracting number of consecutive R-R intervals that differ more than
%%50 ms
    m=0;
    for num=1:1:length(dstnce)-1
         if(dstnce(num+1)-dstnce(num)<50)
            m=m+1;
         end
     end
%
%%Extracting Percentage value of total consecutive RR interval that
%%differ more than 50ms
    percentage_nn50= ((m(1)/length(dstnce))*100);

    %Extracting Standard Deviation of RR interval series
    for num1=1:1:length(dstnce)
        sd1=mean_rr_interval-dstnce(num1);
    end
 sd2=sd1.^2;
 sd3=sum(sd2)/length(sd2);
 sd_final=sqrt(sd3);

    %Extracting Standard Dviation of Heart Rate
    for num2=1:1:length(heartRate)
        sd_heart1=averageHeartRate-heartRate(num2);
    end
    sd_heart2=sd_heart1.^2;
    sd_heart3=sum(sd_heart2)/length(sd_heart2);
    sd_heart_final=sqrt(sd_heart3);
%
%% Calculating Sample Entropy

    sampleEntropy(1) = SampEn( 2, 0.2,Nsig_test (ii,:), 1 );
```

```matlab
%% Calculating Power Spectral density

%% Calculating Power Spectral Entropy
    Fs1=250; %sampling rate per second
    Ts1=1/Fs1;%sampling time interval in second
    t1=0:Ts1:1-Ts1; n1=length(t1);
    fresult1=fft(dstnce);
    sum_fresult1=0.0;
    for i=1:1:length(fresult1)-1
     sum_fresult1= sum_fresult1 + (abs(fresult1(i)));
    end
    fresult1=fresult1/sum_fresult1;
    entropy1=0.0;
    for i=1:1:length(fresult1)-1
     entropy1= entropy1+ abs(fresult1(i))*log(1/abs(fresult1(i)));
     pse_rr=entropy1;
    end
    DD2                              (ii,:)                               =
[mean_rr_interval,rmssd_this,m,percentage_nn50,sd_final,sd_heart_final,sampleEntro
py,pse_rr,avgHR,average_hrv];
end
    SHADIF2= [];
    i=1;
    c=1;
    SHADIF2 (:,c) = mean(Nsig_test,2)';
    Nsig_tst_feat= [Nsig_tst_feat , SHADIF2];    % Trying to add features
    c=c+1;    % For loop could be used as well
    SHADIF2 (:,c) =  std(Nsig_test')';
    Nsig_tst_feat= [Nsig_tst_feat , SHADIF2];    % Trying to add features
    c=c+1;
    SHADIF2 (:,c) = std(Nsig_test')'.^2;
    Nsig_tst_feat= [Nsig_tst_feat , SHADIF2];  % Trying to add features
    c=c+1;
    SHADIF2 (:,c) =mode(Nsig_test')';
    Nsig_tst_feat= [Nsig_tst_feat , SHADIF2];   % Trying to add features
    c=c+1;
    SHADIF2 (:,c) =    var(Nsig_test')';
    Nsig_tst_feat= [Nsig_tst_feat , SHADIF2];   % Trying to add features
    c=c+1;
    SHADIF2(:,(c:c+8)) = (quantile(Nsig_test,[0.1  0.2  0.3  0.4  0.5  0.6  0.7  0.8
0.9],2));
    Nsig_tst_feat= [Nsig_tst_feat , SHADIF2];
    c=c+1;
    SHADIF2(:,(c:c+8)) = (prctile(Nsig_test,[10 20 30 40 50 60 70 80 90],2));
    Nsig_tst_feat= [Nsig_tst_feat , SHADIF2];
     Nsig_tst_feat= [Nsig_tst_feat , DD2];
%%%% features in one array, dimentions are nor the same, as mentioned aboove by
Prof. The size of featre vectore should be 64 by N
%%%%%%%%%%%%%%%%%%%%%%%%%%%%%%%%%%%%%%%%%%%%%%% END OF SECOND GROUP


%% Feaures of Asig_learn
DD3=[];
for ii = 1:256
%% Removing lower frequencies
    samplingrate=360;
    fresult=fft(Asig_learn(ii,:));
    fresult(1 : round(length(fresult)*5/samplingrate))=0;
```

```matlab
    fresult(end - round(length(fresult)*5/samplingrate) : end)=0;
    corrected=real(ifft(fresult));
%% Filter - first pass
    WinSize = floor(samplingrate * 571 / 1000);
    if rem(WinSize,2)==0
        WinSize = WinSize+1;
    end
    filtered1=ecgdemowinmax(corrected, WinSize);

%% Scale an ecg
     peaks1=filtered1/(max(filtered1)/7);
     positions=find(peaks1);
     distance=positions(2)-positions(1);

%% Returns minimum distance between two peaks
     for data=1:1:length(positions)-1
        if positions(data+1)-positions(data)<distance
             distance=positions(data+1)-positions(data);
      end
      end
%
    %% Optimize filter window size
    QRdistance=floor(0.04*samplingrate);
    if rem(QRdistance,2)==0
        QRdistance=QRdistance+1;
    end
   WinSize=2*distance-QRdistance;

%% Filter - second pass
   filtered2=ecgdemowinmax(corrected, WinSize);
   peaks2=filtered2;

%% Plotting the HRV Heart Rate Variability
   [pks,locs]=find(peaks2);
%% Number of R-peaks
    num_R_peaks=length(pks);
    % Calculating Average Heart Rate
    time_in_sec=(WinSize/samplingrate);
    averageHeartRate(1)=(num_R_peaks/time_in_sec)*60;
    avgHR=averageHeartRate(1);
    positions2=find(peaks2);
     for count=1:1:length(positions2)-1
      dstnce(count)=positions2(count+1)-positions2(count); % average the dstance to
get average hrv in order to have one measure per window
        heartRate(count)=60*samplingrate/dstnce(count);
     end

%%Average HRV Calculation
    average_hrv=mean(dstnce);

%%% HRV Parameters
%% note RRinterval=dstnce array
%extracting Mean R-R interval
    mean_rr_interval=sum(dstnce)/length(dstnce);
%
%Extracting Root Mean Square of the differences of successive R-R
%%interval
    square_dstnce=dstnce.^2;
    avg_square_dstnce=sum(square_dstnce)/length(square_dstnce);
```

```matlab
    rmssd_this=sqrt(avg_square_dstnce);
%
%%Extracting number of consecutive R-R intervals that differ more than
%%50 ms
    m=0;
    for num=1:1:length(dstnce)-1
         if(dstnce(num+1)-dstnce(num)<50)
            m=m+1;
         end
      end
%
%%Extracting Percentage value of total consecutive RR interval that
%%differ more than 50ms
    percentage_nn50= ((m(1)/length(dstnce))*100);

    %Extracting Standard Deviation of RR interval series
   for num1=1:1:length(dstnce)
        sd1=mean_rr_interval-dstnce(num1);
    end
 sd2=sd1.^2;
 sd3=sum(sd2)/length(sd2);
 sd_final=sqrt(sd3);

    %Extracting Standard Dviation of Heart Rate
    for num2=1:1:length(heartRate)
        sd_heart1=averageHeartRate-heartRate(num2);
    end
    sd_heart2=sd_heart1.^2;
    sd_heart3=sum(sd_heart2)/length(sd_heart2);
    sd_heart_final=sqrt(sd_heart3);
%
%% Calculating Sample Entropy

    sampleEntropy(1) = SampEn( 2, 0.2,Asig_learn (ii,:), 1 );

%% Calculating Power Spectral density

%% Calculating Power Spectral Entropy
    Fs1=250; %sampling rate per second
    Ts1=1/Fs1;%sampling time interval in second
    t1=0:Ts1:1-Ts1; n1=length(t1);
    fresult1=fft(dstnce);
    sum_fresult1=0.0;
    for i=1:1:length(fresult1)-1
     sum_fresult1= sum_fresult1 + (abs(fresult1(i)));
    end
    fresult1=fresult1/sum_fresult1;
    entropy1=0.0;
    for i=1:1:length(fresult1)-1
     entropy1= entropy1+ abs(fresult1(i))*log(1/abs(fresult1(i)));
     pse_rr=entropy1;
    end
    DD3                             (ii,:)                          =
[mean_rr_interval,rmssd_this,m,percentage_nn50,sd_final,sd_heart_final,sampleEntro
py,pse_rr,avgHR,average_hrv];
end
    SHADIF3= [];
    i=1;
    c=1;
```

```matlab
    SHADIF3 (:,c) = mean(Asig_learn,2);
    Asig_lrn_feat= [Asig_lrn_feat , SHADIF3];    % Trying to add features
    c=c+1;   % For loop could be used as well
    SHADIF3 (:,c) =  std(Asig_learn')';
    Asig_lrn_feat= [Asig_lrn_feat , SHADIF3];   % Trying to add features
    c=c+1;
    SHADIF3 (:,c) = std(Asig_learn')'.^2;
    Asig_lrn_feat= [Asig_lrn_feat , SHADIF3];  % Trying to add features
    c=c+1;
    SHADIF3 (:,c) =mode(Asig_learn')';
    Asig_lrn_feat= [Asig_lrn_feat , SHADIF3];   % Trying to add features
    c=c+1;
    SHADIF3 (:,c) =     var(Asig_learn')';
    Asig_lrn_feat= [Asig_lrn_feat , SHADIF3];  % Trying to add features
    c=c+1;
    SHADIF3(:,(c:c+8)) = (quantile(Asig_learn,[0.1 0.2 0.3 0.4 0.5 0.6 0.7 0.8
0.9],2));
  Asig_lrn_feat= [Asig_lrn_feat , SHADIF3];
   c=c+1;
   SHADIF3(:,(c:c+8)) = (prctile(Asig_learn,[10 20 30 40 50 60 70 80 90],2));
   Asig_lrn_feat= [Asig_lrn_feat , SHADIF3];
   Asig_lrn_feat= [Asig_lrn_feat , DD3];
    disp ('SHADI Features for Asig_learn are ')
    disp (SHADIF3)
%%%% features in one array, dimentions are nor the same, as mentioned aboove by
Prof. The size of featre vectore should be 64 by N
%%%%%%%%%%%%%%%%%%%%%%%%%%%%%%%%%%%%%%%%%%%%%% END OF THIRD GROUP


%% Feaures of Asig_test
DD4=[];
for ii=1:128
%% Removing lower frequencies
    samplingrate=360;
    fresult=fft(Asig_test(ii,:));
    fresult(1 : round(length(fresult)*5/samplingrate))=0;
    fresult(end - round(length(fresult)*5/samplingrate) : end)=0;
    corrected=real(ifft(fresult));
%% Filter - first pass
    WinSize = floor(samplingrate * 571 / 1000);
    if rem(WinSize,2)==0
        WinSize = WinSize+1;
    end
    filtered1=ecgdemowinmax(corrected, WinSize);

%% Scale an ecg
    peaks1=filtered1/(max(filtered1)/7);
    positions=find(peaks1);
    distance=positions(2)-positions(1);

%% Returns minimum distance between two peaks
    for data=1:1:length(positions)-1
      if positions(data+1)-positions(data)<distance
            distance=positions(data+1)-positions(data);
    end
    end
%
    %% Optimize filter window size
    QRdistance=floor(0.04*samplingrate);
    if rem(QRdistance,2)==0
```

```matlab
        QRdistance=QRdistance+1;
    end
  WinSize=2*distance-QRdistance;

%% Filter - second pass
  filtered2=ecgdemowinmax(corrected, WinSize);
  peaks2=filtered2;

%% Plotting the HRV Heart Rate Variability
    [pks,locs]=find(peaks2);
%% Number of R-peaks
    num_R_peaks=length(pks);
    % Calculating Average Heart Rate
    time_in_sec=(WinSize/samplingrate);
    averageHeartRate(1)=(num_R_peaks/time_in_sec)*60;
    avgHR=averageHeartRate(1);
    positions2=find(peaks2);
     for count=1:1:length(positions2)-1
      dstnce(count)=positions2(count+1)-positions2(count); % average the dstance to
get average hrv in order to have one measure per window
        heartRate(count)=60*samplingrate/dstnce(count);
     end

%%Average HRV Calculation
    average_hrv=mean(dstnce);

%%% HRV Parameters
%% note RRinterval=dstnce array
%extracting Mean R-R interval
    mean_rr_interval=sum(dstnce)/length(dstnce);
%
%Extracting Root Mean Square of the differences of successive R-R
%%interval
    square_dstnce=dstnce.^2;
     avg_square_dstnce=sum(square_dstnce)/length(square_dstnce);
     rmssd_this=sqrt(avg_square_dstnce);
%
%%Extracting number of consecutive R-R intervals that differ more than
%%50 ms
    m=0;
    for num=1:1:length(dstnce)-1
        if(dstnce(num+1)-dstnce(num)<50)
            m=m+1;
        end
     end
%
%%Extracting Percentage value of total consecutive RR interval that
%%differ more than 50ms
    percentage_nn50= ((m(1)/length(dstnce))*100);

    %Extracting Standard Deviation of RR interval series
    for num1=1:1:length(dstnce)
        sd1=mean_rr_interval-dstnce(num1);
    end
  sd2=sd1.^2;
  sd3=sum(sd2)/length(sd2);
  sd_final=sqrt(sd3);

    %Extracting Standard Dviation of Heart Rate
```

```matlab
    for num2=1:1:length(heartRate)
        sd_heart1=averageHeartRate-heartRate(num2);
    end
     sd_heart2=sd_heart1.^2;
     sd_heart3=sum(sd_heart2)/length(sd_heart2);
     sd_heart_final=sqrt(sd_heart3);
%
%% Calculating Sample Entropy

    sampleEntropy(1) = SampEn( 2, 0.2,Asig_test(ii,:) , 1 );

%% Calculating Power Spectral density

%% Calculating Power Spectral Entropy
    Fs1=250; %sampling rate per second
    Ts1=1/Fs1;%sampling time interval in second
    t1=0:Ts1:1-Ts1; n1=length(t1);
    fresult1=fft(dstnce);
    sum_fresult1=0.0;
    for i=1:1:length(fresult1)-1
     sum_fresult1= sum_fresult1 + (abs(fresult1(i)));
    end
    fresult1=fresult1/sum_fresult1;
    entropy1=0.0;
    for i=1:1:length(fresult1)-1
     entropy1= entropy1+ abs(fresult1(i))*log(1/abs(fresult1(i)));
     pse_rr=entropy1;
    end
    DD4                            (ii,:)                          =
[mean_rr_interval,rmssd_this,m,percentage_nn50,sd_final,sd_heart_final,sampleEntro
py,pse_rr,avgHR,average_hrv];
end
    SHADIF4= [];
    i=1;
    c=1;
    SHADIF4 (:,c) = mean(Asig_test,2);
    Asig_tst_feat= [Asig_tst_feat , SHADIF4];   % Trying to add features
    c=c+1;   % For loop could be used as well
    SHADIF4 (:,c) =  std(Asig_test')';
     Asig_tst_feat= [Asig_tst_feat , SHADIF4];   % Trying to add features
    c=c+1;
    SHADIF4 (:,c) = std(Asig_test')'.^2;
     Asig_tst_feat= [Asig_tst_feat , SHADIF4]; % Trying to add features
    c=c+1;
    SHADIF4 (:,c) =mode(Asig_test')';
     Asig_tst_feat= [Asig_tst_feat , SHADIF4];   % Trying to add features
    c=c+1;
    SHADIF4 (:,c) =    var(Asig_test')';
     Asig_tst_feat= [Asig_tst_feat , SHADIF4]; % Trying to add features
    c=c+1;
    SHADIF4(:,(c:c+8)) = (quantile(Asig_test,[0.1 0.2 0.3 0.4 0.5 0.6 0.7 0.8
0.9],2));
     Asig_tst_feat= [Asig_tst_feat , SHADIF4];
    c=c+1;
    SHADIF4(:,(c:c+8)) = (prctile(Asig_test,[10 20 30 40 50 60 70 80 90],2));
     Asig_tst_feat= [Asig_tst_feat , SHADIF4];
     Asig_tst_feat= [Asig_tst_feat , DD4];
     disp ('SHADI Features for Asig_tst are ')
     disp (SHADIF4)
```

```matlab
%%%% features in one array, dimentions are nor the same, as mentioned aboove by
Prof. The size of featre vectore should be 64 by N
%%%%%%%%%%%%%%%%%%%%%%%%%%%%%%%%%%%%%%%%%%%%%%%%%%% END OF FOURTH GROUP

%%%%%%%%%%%%%%%%%%%%%%%%%% Transform Domain Features

% Fourier coefficients (averaged in bands)
NF= 64;                    % number of bands to use
x1= abs(fft(Nsig_learn,NF,2));
x2= abs(fft(Nsig_test,NF,2));
x3= abs(fft(Asig_learn,NF,2));
x4= abs(fft(Asig_test,NF,2));


x1= x1(:,2:NF/2+1);
x2= x2(:,2:NF/2+1);
x3= x3(:,2:NF/2+1);
x4= x4(:,2:NF/2+1);


Nsig_lrn_feat= [Nsig_lrn_feat , x1];
Nsig_tst_feat= [Nsig_tst_feat , x2];
Asig_lrn_feat= [Asig_lrn_feat , x3];
Asig_tst_feat= [Asig_tst_feat , x4];

% mean of bands
Nsig_lrn_feat= [Nsig_lrn_feat , mean(x1,2)];
Nsig_tst_feat= [Nsig_tst_feat , mean(x2,2)];
Asig_lrn_feat= [Asig_lrn_feat , mean(x3,2)];
Asig_tst_feat= [Asig_tst_feat , mean(x4,2)];

% std dev of bands
Nsig_lrn_feat= [Nsig_lrn_feat , std(x1')'];
Nsig_tst_feat= [Nsig_tst_feat , std(x2')'];
Asig_lrn_feat= [Asig_lrn_feat , std(x3')'];
Asig_tst_feat= [Asig_tst_feat , std(x4')'];

% max band magnitude and band number (freq)
[mx1, lx1] = max(x1,[],2);
[mx2, lx2] = max(x2,[],2);
[mx3, lx3] = max(x3,[],2);
[mx4, lx4] = max(x4,[],2);


Nsig_lrn_feat= [Nsig_lrn_feat , mx1];
Nsig_tst_feat= [Nsig_tst_feat , mx2];
Asig_lrn_feat= [Asig_lrn_feat , mx3];
Asig_tst_feat= [Asig_tst_feat , mx4];


Nsig_lrn_feat= [Nsig_lrn_feat , lx1/10.];
Nsig_tst_feat= [Nsig_tst_feat , lx2/10.];
Asig_lrn_feat= [Asig_lrn_feat , lx3/10.];
Asig_tst_feat= [Asig_tst_feat , lx4/10.];


%%%%%% Feature selection


%%%% combine all training samples/labels each in one array
x_train= [Nsig_lrn_feat ; Asig_lrn_feat];
y_train= [Nsig_lrn_class ; Asig_lrn_class];
```

```matlab
%%%% combine all training samples/labels each in one array
x_test= [Nsig_tst_feat ; Asig_tst_feat];
y_test= [Nsig_tst_class ; Asig_tst_class];
x_train = [x_train ; x_test];
y_train=[y_train;y_test];

%%% SFS
% c = cvpartition(y_train,'k',10);
% opts = statset('display','iter');
% % fun = @(XT,yT,Xt,yt)...
% %      (sum(~strcmp(yt,classify(Xt,XT,yT,'linear'))));
% fun = @(XT,yT,Xt,yt)...
%      (sum(~strcmp(yt,knnclassify(Xt,XT,yT,3))));
%
%                                  [fs,history]                    =
sequentialfs(fun,x_train,y_train,'options',opts)        %'cv',c,'nfeatures',5,


%%%%%% t-Test
size1= size(Nsig_lrn_feat);
Nfeat= size1(2);
Pval= zeros(Nfeat,1);
for k1=1:Nfeat
    [H,P] = ttest2(Nsig_lrn_feat(:,k1),Asig_lrn_feat(:,k1));
    Pval(k1)= P;
end

figure(2)
plot(Pval);
textout= sprintf('T-Test: Number of useful features (P-Value < 0.05) = %d out
of %d',sum(Pval<0.05), Nfeat);
disp(textout);

%%%%%% Correlation coefficient
Corval= zeros(Nfeat,1);
for k1=1:Nfeat
    R= corrcoef(x_train(:,k1),y_train);
    Corval(k1)= R(2,1);
end
```

Buy your books fast and straightforward online - at one of world's fastest growing online book stores! Environmentally sound due to Print-on-Demand technologies.

Buy your books online at
www.morebooks.shop

Compre os seus livros mais rápido e diretamente na internet, em uma das livrarias on-line com o maior crescimento no mundo! Produção que protege o meio ambiente através das tecnologias de impressão sob demanda.

Compre os seus livros on-line em
www.morebooks.shop

Printed by Books on Demand GmbH, Norderstedt / Germany